ドラマスタイリストという仕事

ファッションで役柄をつくるプロフェッショナル

西ゆり子

光文社

プロローグ

「よーい、スタート！」

監督から声がかかってカメラが回り始めると、
毎回、私の心臓はドキドキと激しく高鳴ります。
激しい動きで、スカートのウエストから
ブラウスの裾が出てしまったら、どうしよう？
セーターの肩の位置が動いて、
胸元の柄が左右アンバランスになってしまったら、
どうしよう？

でも、いったんスタートがかかったら、
私がカメラの前に出ることは許されない。

たとえ、着ている服がどんなに乱れても、
あとは役者に任せるしかないのです。

ドラマスタイリストとして仕事をするようになってから、
かれこれ25年以上が経ちました。
それでも、撮影が始まる瞬間のこの緊張は、
相変わらず。

それだけに、役者が自分の選んだ服を、
見事に着こなしてくれたときの嬉しさはひとしおです。
台本のト書きには
「ここでコートを脱ぐ」
としか書かれていなかったのに、
演じている役に完璧になりきって、
ため息がこぼれるほど見事にコートを脱いでくれて……。

そのオーラは、さすが女優！
あまりにも鮮やかな着こなしに、
背筋がゾクゾクしてしまう。
カメラの前で女優がふっと手を上げた瞬間に、
着てもらったブラウスの袖がふわっと美しく膨らんだとき、
「なんてきれいなんだろう」
と、なんとも言えない幸せを感じます。

さあ、明日はどの場面？
そうそう、パーティで赤いドレスを着てもらうシーンだった。
何百回、何千回と撮影現場を経験しても、
毎回、ワクワクしてしまう。
それがドラマスタイリストという仕事の
一番の醍醐味なのかもしれません。

目次

ドラマスタイリストという仕事
ファッションで役柄をつくるプロフェッショナル

第四章

第一章

天職というものがあるのなら

『anan』の記事を見た瞬間、スタイリストになろうと決心！

「こんな仕事があったのか！」

世の中にスタイリストという職業があることを知ったのは、私が20歳のときでした。これから何をして生きて行ったらいいのか――将来の目標や希望が何ひとつはっきりと見えていなかったある日のこと、かねてから親しくしていた友人が、『anan』の最新号を持って、ふらっと遊びにきたのです。

その年、1970年に創刊された『anan』は、ファッションやお洒落が大好きな女の子たちにとってバイブルのような存在。毎号、誌面を飾っていたモデルの立川ユリさんが本当に可愛くて。ユリさんが着こなしていたピンクハウスの服は自分には似合わないとわかっていても、

「なんてお洒落なんだろう」

ため息をつかずにはいられませんでした。もちろん、どこのショップに行けば流行の服や靴が買えるかという情報も満載で、私も毎号欠かさず読んでいました。

その日、たまたま友人が持ってきてくれた『ａｎａｎ』の最新号に「スチリストになりましょう！」という記事が掲載されていたのです。当時はまだ〝スタイリスト〟という言葉が一般に定着しておらず、フランス語表記の〝スチリスト〟と紹介されていました。友人が

「この仕事、面白そう。やってみたいな」

と、その記事を見せてくれたのですが、

「いやいや、この仕事をやるのは私でしょ！」

って、その瞬間にひらめいたのです。というのも、私は幼い頃から服もお洒落も大好きだったのですが、残念ながら洋裁は得意じゃなかった。当時、ファッション関係の仕事といえば「縫う」か「デザインする」かの2つしか思い浮かばなくて、手先があまり器用ではない自分にはどちらも向いていないと思い、ファッションの世界で働くことは諦めていたのです。

ところが、その記事によれば、スタイリストの仕事は服を「選ぶ」だけ（と当時は思っていました）。選んで用意すればいいだけなんて、こんなに素敵なことはありません。

「この仕事をやるしかない！」

まさに天命！　そのときの私には、それこそ神の声が聞こえたのです。

下町育ちでチャキチャキの江戸っ子
お洒落の原点は「粋」か「野暮」

振り返ってみれば、ものごころついた頃から、私は着るものに人一倍関心がある女の子でした。生まれたのは1950年。昭和で言えば25年の生まれです。育ったのは東京の下町・赤羽。赤ん坊の頃から20歳で実家を離れるまで、JR赤羽駅東口の駅前から延々と続くスズラン通り商店街が私の慣れ親しんだ〝地元〟でした。オリンピックを控えて東京タワーの建築工事が始まり、新幹線や高速道路の開設も計画されて街並みがどんどん近代化されていく。まさに、映画『ALWAYS　三丁目の夕日』の世界そのものでした。

当時、祖父は赤羽のスズラン商店街の裏手で駄菓子屋を営んでおり、近所には八百屋さん、魚屋さん、酒屋さんなど様々なお店があったのですが、店の女将さんやお姉さんたちのお洒落の基準は決まって「粋」か「野暮」。新しいワンピースを着て、私が通りを歩いていると、

「あら、ゆりちゃん、そのワンピース、粋だね！」

と、店先からお褒めの言葉をかけられる。反対に、誰かがいまひとつあか抜けない恰好をしていれば、

「ちょっと、あれ見て。野暮だよねぇ」

って、即座に言われる。

「あれは粋、これは野暮」

そんな会話を毎日のように耳にしていたので、幼かった私にもその価値観が植えつけられたのかもしれません。自分ではあまり意識はしていないのですが、後に、スタイリストの仕事をするようになってからも、「粋」か「野暮」かが、自ずと私の服選びの基準になっているようで、私が担当したドラマを観てくださった方からも、

「西さんのスタイリングはすぐわかる」

と言われます。

じゃあ、何が〝私らしい〟のかと言えば、キレのいい粋なスタイリングとでも言うのでしょうか。正統派のデザインで、ゴテゴテした飾りがなくて、過剰なギャザーやフリルもないものが基本です。昨今流行りのダボッとしたワイドパンツに、ゆるゆるのトッ

プスといったコーディネートは〝生きる気力〟が感じられなくて、あまり好きにはなれません。着たときに、背筋がシャキッと伸びるような服が好き。江戸っ子はスッキリしたシャープな装いを良しとするので、私のスタイリングも江戸前なのかもしれません。

「ゆりちゃん、粋ねぇ」

と言われるのは「きれいね」って褒められるのと同じことだから。「粋」と言われて嬉しかった少女時代の思いが、今でも私の原点になっているのだと思います。

少女の頃から服へのこだわりは人一倍

服や靴など、自分の身に着けるものへのこだわりも、かなり強かったような気がします。当時は、今のように手軽にお洒落な既製服を買える時代ではありません。母の一番下の妹が洋裁で生計を立てているほどの腕前だったので、ちょっとしたよそ行きの服はみなその叔母に仕立ててもらっていたのです。

しかも、

「こんな感じにして」

と、生意気にも注文をつけていました。馬喰町に『孝富』という生地屋さんがあったので、毎回、そこで生地も自分で選び、デザインにもこだわって。

その中で、小学生の頃、一番気に入っていたのは黄色いワンピース。襟元がスクエア・カットで袖はパフスリーブ。ギャザースカートの後ろをリボンで結ぶオーソドックスなデザインでしたが、実は、最初に叔母が作ってくれたときはスカートの部分がサーキュラーになっていました。でも、私はそれが気に入らなくて、

「サーキュラーじゃなくて、ギャザーがいい！」

と言い張って、わざわざ作り直してもらったんですよ。

また、あるときは、紫に近いブルーの地に細かい花柄があしらってある生地で、叔母がローウエストのワンピースを作ってくれたことがありました。今、思えば、ローウエストの切り替えから下の部分がフレアーになっていて、とても可愛いデザインだったんですね。なのに、

「こんなにウエストが下なのはイヤ！　胴長に見えちゃう」

って、またしてもクレームをつけて、結局、作り直してもらいました。贅沢というか、我ながら本当にワガママな女の子だったと思います。

とにかく子どもの頃から好みがはっきりしていた。誰に対しても言いたいことはハッキリ言う。よく言えば、竹を割ったような性格です。幼い頃から、「歌うこと」と「着ること」が大好きで、小学校高学年の頃に憧れていたファッションはテレビの音楽バラエティ番組『シャボン玉ホリデー』に出演していたザ・ピーナッツが着ていたようなステージ衣装。ウエストがキュッと絞られて、オーガンジーのようなスカートがふわ〜っと広がるワンピース。歌手になれるとは考えていませんでしたが、あんなお姫様のような服を着てみたいとずっと思っていました。

映画『麗しのサブリナ』がお洒落な着こなしの原点に

中学生、高校生と、年ごろになるにつれ、ファッションへの関心にもどんどん拍車がかかっていきました。進学した都立高は服装に関してはわりあい自由で、入学式や卒業式などの式典を行うときだけは指定の制服をきちんと着なければなりませんでしたが、それ以外のときは制服を自分なりにアレンジして着ることが許されていました。ブラウスとボレロにプリーツスカートという規定は一応あったものの、ブラウスを丸襟のものに変えてみたりとか、色々と工夫しましたね。冬場のコートも、色がネイビーならなんでもOKということで、自分の気に入ったデザインのものを探して着ていました。

高校時代は、アメリカ映画の中に登場する素敵な服に夢中になりました。いまだに、私が一番可愛いと思っている着こなしは、映画『麗しのサブリナ』でオードリー・ヘップバーンが着ていた、黒のクルーネックのセーターに黒のサブリナパンツの組み合わせ。あのスタイリングがお洒落な着こなしの原点だと思っています。他にも、『華麗なるギャツビー』や『コットンクラブ』など、あらすじはそれほど覚えていないのですが、スクリーンの中で女優たちが着ている服がとにかく素敵で美しくて。思えば、これが現在の私のスタイリングのもうひとつのベースである「コンサバティブ（永遠の美しさ）」につながっているのかもしれません。

高校生の頃はミニスカートが大ブーム。膝上10㎝のミニスカートを私も穿いていました。ベルボトムのパンツも流行っていたので、当時つきあっていた同級生のボーイフレンドとお揃いでチェックのベルボトムのパンツを穿いて、ペイズリーのシャツをペアで着たりしていました。彼は家族が定期購読していた『MEN'S CLUB』を、子どもの頃から愛読しているような人。ファッションもいつも完璧で、彼の家に遊びに行ったときは、私もよく『メンクラ』を見せてもらっていたものです。

実は、この彼が最初の結婚相手でもありました。私が専門学校を卒業した年に結婚し、ファッションに関することもたくさん学ばせてもらったにもかかわらず、たった10カ月で離婚することになってしまって。彼のファッションセンスは抜群だったし、自分で言うのもなんですが、似合いのカップルだったんですけどね。まあ、今となっては、若気の至りとしか言いようがありません。

「手に職をつけなさい」と母に言われて

私が青春時代を過ごしたのは高度成長期のさなかです。男性はいい大学を卒業していい会社に入り、女の子は経済的に安定した会社員の男性と結婚し、専業主婦になるのが幸せと言われていた時代でした。
ところが、うちの母は
「ゆり子は手に職をつけたほうがいいよ」
と、いつも言っていました。なぜかと言えば、母は最初の結婚生活で大変な思いをしたのです。母の夫で私の実父は売れない小説家で、何か気に入らないことがあると、すぐに手を上げる人でした。それで、私がお腹にいるときに、母は私の2歳上の兄の手を引いて父の元から逃げ出して、その後、実家が赤羽にあった義父と再婚したのです。

公務員をしていた赤羽の父は穏やかな性格で、日々の暮らしも平穏でした。ただ、当時の公務員は今とは違ってお給料が安かった。そこで、母も生命保険の外交員などをして家計を支えていたのです。毎日歩き回っている母の脚は日焼けして、仕事で履いていたパンプスの跡がくっきりつくほどでしたが、それでも働いて自分の力で生活費を得ることの大切さを、身をもって実感していたのだと思います。そんな経験から、母は私に
「手に職をつけなさい」

と、言い続けたのでしょう。親の言葉は子どもの人生を左右しますから、私も、

「将来は、何か仕事をしなきゃ」

と、ごく自然に考えるようになっていきました。とはいえ、高校生の頃の私は自分が何に向いているのか、何をやりたいのかもよくわかってはいなかった。とりあえず、

「歌や服が一番好きだけど、絵を描くのも好きだから」

ということで、お茶の水にあった東京デザイナー学院という専門学校に入学し、2年

間、グラフィックデザインの勉強をすることにしたのです。同じ専門学校でも、文化服装学院やセツ・モードセミナーといったファッション関係の学校があることを当時は知らなかったので、ファッションの世界で仕事をするにはいったいどうすればいいのか、強い憧れはあったものの、皆目見当もつきませんでした。

稲穂のイラストを描く毎日に落ち込んで

専門学校に入ってからは、それこそ好きなお洒落のし放題。若者の間ではサイケなヒッピースタイルが流行っていたこの時代、私はビギやニコルの服が好きだったので、アルバイト代が入るたびに、いそいそとショップに足を運んでいました。

歌が好きだったこともあり、当時の私は赤坂のサパークラブで歌を歌って接客をするアルバイトもしていました。時給2000円で、当時のアルバイト代としてはかなりの高額。下町育ちでガラッパチな私はお客さんたちから意外にも人気があって、時折、お酒を飲ませてもらったりしたものです。

好きな歌も歌えて、遊びながらお金を稼げるなんて楽勝じゃん、と思う一方で、

「こんな生活を続けていちゃいけない」と、冷静に考えている自分もいました。

アルバイトがある日はいつも夕方の4時に銭湯に行き、身ぎれいにしてから出かけるのが常。でも、そんな明るい時間帯に銭湯に行くのは夜の仕事をしている方が大半です。もちろん、

「プロとして生きて行こう」

という覚悟が自分にきちんとあるならいいけれど、中途半端な気持ちで夜の世界に染まっていってていいのだろうか……。夕日が差し込む銭湯で、

「いつまでも、こんなぬるま湯につかっていちゃダメだ」

と目が覚めて、専門学校を卒業した後は、チラシやポスターを作っているデザイン事務所に就職することにしたのです。

ところが、そこで私に与えられた仕事は、毎日、黙々と稲穂の絵を描くことでした。農業関係の仕事を請け負っている事務所だったので、必要とされるのは稲穂やお米のイラストばかりだったのです。入社してちょうど1年ほどたった頃でしょうか。イラストを得意先に届けた帰りにふと公園に立ち寄ると、桜が満開でそれは美しくて――。

「毎日、毎日、Zライトの下でコツコツと稲穂の絵を描いている人生は、私にはあり得

ない！」って、どうにもたまらない気持ちになってしまったのです。

『ａｎａｎ』の「スチリストになりましょう！」という記事に出会ったのは、まさにそんなときでした。

「これこそ、私がやりたかった仕事だ！」

その記事を目にしてからほどなくして、私は会社に辞表を出しました。

下積み経験ゼロ
ドシロウトからいきなりプロに

デザイン事務所をあっさり辞めたのはいいけれど、どうすればスタイリストになれるのかわからない。そこで、まずはファッションの世界に少しでも近づこうと考えて、『イブ』というモデルクラブでマネージャーの仕事につきました。当時、このモデルクラブの二枚看板だったのが杉本エマさんと沙羅まりえさん。お2人ともランウェイを颯爽と歩く姿が本当にカッコよかった。特に、まりえさんにはとても可愛がっていただいて、彼女の仕事にはいつも一緒について行きました。

マネージャーの仕事をしながらも、どうしたらスタイリストになれるのか――そのきっかけを常に探していたように思います。あるとき、モデルクラブの仕事で日本のスタイリストの草分けである原由美子さんにお目にかかる機会があったので、これはチャンスとばかりに、

「私もスタイリストになりたいんです」

と、相談したところ、

「大変だから、やめたほうがいいですよ」

って、あっさり言われてしまったこともありましたけど（笑）。

そんなある日、たまたま知り合いのカメラマンさんのホームパーティで、『ミセス』などのファッション誌でスタイリストをしていた染川典子さんに出会ったのです。当時、染川さんは超売れっ子で大忙し。その染川さんが何を勘違いしたのか、私がすでにプロのスタイリストだと思ったらしくて、

「私、今、手一杯なので、西さん、代わりにやってくれない？」

と、着物の『やまと』のB全ポスターの仕事を私に紹介してくれたんです。「洋服もいいけど、着物もね」みたいなキャッチコピーがついていたような記憶があります。女の子が2人いて、ひとりは着物姿で、もうひとりは洋服を着て並んで撮影するのです

が、着物は『やまと』が用意するから、洋服のほうを私にスタイリングしてほしいと言うのです。それまで何の経験もないまったくのドシロウトに。今考えれば本当にオソロシイ話ですけれど、なにせ江戸っ子ですからね。即断即決、何事もウジウジ考えるのは大嫌い。おまけに、シロウトだったからこそ怖いもの知らずだったのでしょう。

「いいですよ！」

二つ返事で、その仕事を引き受けました。タイミングよく、モデルクラブの仕事はすでに辞めていたので、急いで名刺を手作りし、その当時、自分が好きだったダンディライオンという洋服メーカーに白いワンピースを借りに行きました。本来ならば、スタイリストは複数のコーディネートを用意して、現場でクライアントや監督に選んでもらうことが多いのですが、そのとき私がスタジオに持っていたのはその一着だけ。ありがたいことにOKが出て。これがスタイリストとして、私の初仕事になりました。

「雑誌の仕事もしてみない？」

ポスターを見た染川さんが再び声をかけてくださり、

「もちろん、やります！」

と、即答し、私はファッション雑誌のスタイリストとして一歩を踏み出しました。主婦の友社の『ａｉ』という女性誌で仕事をすることになったのです。デザイン事務所を辞めてから約3年後、私が24歳のときでした。

雑誌の世界で、基礎を一から学ぶ

今でこそ、ドラマや映画を中心に仕事をしていますが、私がスタイリストとして仕事の基礎を学んだのは、この『ａｉ』をきっかけに、集英社の『ｎｏｎ－ｎｏ』や世界文化社の『ｍｉｓｓ家庭画報』など、女性ファッション誌の仕事に携わっていた20代から30代のときでした。

特に、初めて仕事をした『ａｉ』ではわからないことばかりで苦労の連続。いきなり巻頭ページを任されるようになったのはいいけれど、

「今月のテーマはフェミニンなブラウスで」

と、編集者に言われても、当時の私には〝フェミニン〟の意味さえわからない。でも、まさか「わかりません」とは口が裂けても言えません。

「はい、フェミニンなブラウスですね」

と、自信たっぷりに答えて編集部を引きあげた後、その意味を調べることから始めなければなりません。

「フェミニンって、何？」

知り合いのデザイナーに聞いたり、服飾辞典で調べたりして。それで、

「ああ、〝女らしい〟っていう意味なんだな」

と、ようやく腑に落ちる。編集部の意図が理解できれば、もうこっちのものです。前からわかっていたような顔をして、

「こんな感じのブラウスはどうでしょう？」

と、提案する。毎回、そんなことの繰り返しでした。でも、そのおかげで、ブリムは帽子のどの部分を指すのか、筒袖やピーターパンカラーはどんなものなのか等々、ファッションに関する知識が少しずつ増えていきました。

スタイリストは撮影にも立ち会うのが常ですが、当初は、撮影現場で自分が何をしたらいいのかもよくわかりませんでした。でも、幸いにも、それ以前に一度だけ、染川さんの雑誌のロケにアシスタントとしてついて行ったことがあったんです。ロケの前日、染川さんがブラウスの袖山のシワをアイロンでひとつずつきれいに伸ばしているのを見

ては、

「なるほど、撮影の前には袖山のしわを取るんだ」

と、納得し、ロケバスの中で撮影用の靴の底にガムテープを張っているのを見ては、

「ああ、汚れないように底張りするんだ」

と、感心したり。そんな一夜漬けの知識で、いっちょまえの顔をして撮影に臨んでいたわけですから、今、思えば、厚かましいにもほどがありますね（笑）。また、撮影した衣装はメーカーから借りてきているものですから、きちんと管理し返却しなければなりません。近頃はスマホでタグの写真を撮ってメモしておくのが一般的ですが、当時はスマホもデジカメもない時代。使った衣装はすべて自分で絵を描いて、その紙に素材と値段も書いて記録しておきました。すると、

「レーヨンが50％入っていると、こんな手触りなのか」

「サテン地って、こんなにハリがあるんだ」

と、生地の特徴もわかってくるのです。生地の違いは服の印象にも大きく影響しますし、扱いも知っておかなきゃいけません。こうしたスタイリストの基礎は、現場の体験で学びましたね。さらに、当時は誌面でどのように服を見せるかを考えるのもスタイリ

ストの仕事でしたから、カメラマンにイメージを伝えるために、ラフコンテの描き方も覚えました。

「表紙のページにはこの服、見開きページにはこの服」

そうして、少しずつ企画意図に沿った自分らしい表現やスタイリングも考えられるようになりました。スタイリングの妙を少しでも勉強しようと、『セブンティーン』や『タキシー』などの海外のファッション雑誌を愛読するようになったのもこの頃です。

振り返れば、このファッション雑誌での経験が私の礎となり、現在もやっていけているのだと思います。ファッション雑誌の仕事は、他の仕事に比べてコーディネートする点数が多く、その分、手間も時間もかかります。でも、それだけに勉強になり、力がつきます。スタイリストを目指している方はまず雑誌の仕事から始めることをおすすめします。

ボタンがない！
冷や汗ものだったCM撮影

私がスタイリストの仕事を始めた70年代から80年代にかけてはファッション雑誌が花

盛り。お洒落が好きな女性たちの教科書として新しい雑誌が次々と創刊されていく中で、私の仕事もどんどん忙しくなっていきました。同時に、テレビのコマーシャルや広告の世界にも多彩なクリエイターが集まって、次々と華やかな作品が作られていました。雑誌の仕事のかたわら、私も広告の仕事を手掛ける機会がちょくちょくありました。

雑誌の撮影に比べ、俳優やタレントを起用するテレビのコマーシャルは、スタッフの人数が多く撮影も大がかり。現場にクライアントが同席することも多いので、余計に神経を使います。それなのに、あるとき私は大失敗をしてしまったのです。眼鏡店のコマーシャルで、俳優の緒形拳さんがタキシード姿で眼鏡をかけるという設定だったんですね。タキシードと、その中に着るフォーマルなドレスシャツを準備していたのですが、ボタンの用意を忘れていたのです。

というのも、ドレスシャツというのは、黒いバタフライを締める襟元の一番上のボタンだけはついているけれど、その下の3つはボタンがついていない仕様なので、別途スタッフドボタンを用意しなければなりません。女性のファッションを中心に仕事をしていた私は、恥ずかしながら、メンズ・フォーマルに詳しくなく、そのことを知らなかったのです。

「どうしよう！」

ボタンがないことに気づいたのが撮影前日の夜遅く。真っ青になりました。翌朝には、ロケバスに乗って撮影現場に行かなきゃならないのに、こんな時間じゃ、カフスを借りに行こうと思っても、もはやどこのメーカーも開いていません。破れかぶれで、次の日の早朝、テレビドラマに衣装を貸し出ししている衣装屋さんを叩き起こして、

「ボタンを貸して！」

と、頼み込み、無理やり持って行っちゃった。しかも、黒いボタンがなかったので、マジックで黒く塗ったんです。現場では、何事もなかったようにしれっとした顔をしていましたが、内心はそれこそドキドキものでした。ウエストに締めるカマーもどちらが上なのかさっぱりわからず、見様見真似。今だったら決して許されないことですが、正直な話、若い頃の私は、その手の失敗はしょっちゅうでした。

30代で次のステージへ アイドルのスタイリングで「個性」と向き合う

雑誌の仕事に明け暮れた20代を経て、30代になった私はアイドルや音楽系アーティストのスタイリングを手掛けるようになりました。

その理由は2つ。ひとつ目の理由は、その頃に再婚し、3人の息子たちを次々と出産したので、撮影のために夜な夜なコーディネートの日々が続く、拘束時間の長い雑誌の仕事をこなすのが物理的に難しくなったこと。2つ目の理由は、雑誌の仕事を心から楽しめなくなってしまったからでした。

雑誌の仕事を始めた当初はなにもかもが新鮮でした。撮影のたびに新しい服に出会えるし、様々な場所で行われるロケもちょっとした遠足気分。編集者を始め、カメラマンやヘアメイクなど、現場で会うスタッフたちも毎回違った顔ぶれで。こんなに変化に富んだ毎日はなんて楽しいんだろうって。

でも、雑誌のファッションページで一番重要なのは、その時々のトレンドを紹介すること。いくら流行とはいえ、中には好きになれない服もあれば、自分の目には美しく見えない服もある。そんな気乗りがしない服でも、読者が「着たい！」と思うようにコーディネートしなくてはなりません。

「自分の気持ちに嘘をつき、本当に、これでいいんだろうか？」

年々、そのジレンマが膨らんでいき、30代になった頃、ひとつの壁にぶつかってしまったんですね。好きでもない服を読者に勧めている自分は、なんだかファッションメーカーの宣伝マンみたいだなって。

ちょうどそんなとき、CBSソニーから、

「アイドルの服を選んでくれない？」

と依頼があり、おニャン子クラブの国生さゆりさんや河合その子さんのステージ衣装やCDジャケットを撮影する際の衣装をスタイリングすることになりました。プロのモデルではない人に服を着せるのは初めてのこと。そして、この仕事で、私はまた新たな楽しみを知ることになったのです。デビューしたての、あるアイドルの女の子の衣装を任されたとき、私はその子の歌がお世辞にもうまいとは思えなかったので、

「どんな服を着せるかより、もっと歌の勉強をさせたほうがいいんじゃないですか？」

と、マネージャーについ進言してしまったのです。すると、

「下手でいいんだよ。アイドルなんだから」

何気ない言葉でしたが、それでストンと腑に落ちたというか、スタイリングの方向性が見えたのです。

「とにかく、私はその子が一番可愛く見える服を着せればいいんだな」

それはつまり、服よりも「人」が主役で、それぞれの個性や魅力に合ったファッションでその人のキャラクターを表現するということです。元気な女の子にはビビッドカラーで大胆なデザインの服を着せて明るさを表現し、可憐なイメージの子には淡いパステルカラーのすっきりしたデザインのものを選んで、より清楚さを引き立てる。モデルは服を着るのが仕事ですから何を着せてもおさまりますが、個性豊かなアイドルはそうではありません。ひとりひとりと向き合い、似合う服を探し出してくるのは大変苦労しましたが、その分、本当に似合う服が見つかったときの嬉しさは大きい。雑誌のファッションページとはまったく違う面白さ、手応えがありました。ある意味、今、私が手掛けているドラマや映画のスタイリングの原点と言えるでしょう。その後、渡辺真知子さんやマルシアさんといった、大人のシンガーやアーティストたちのスタイリングも任されるようになっていきました。

この時期には、日本を代表するような才能あふれるカメラマンたちとも一緒にたくさん仕事をしました。立木義浩さん、稲越功一さん、渡辺達生さん。中でも印象的だったのは篠山紀信さん。アイドルのジャケット写真を撮影する仕事で何度かご一緒させていただいたのですが、その撮り方が実に印象的でした。デビューしたてのアイドルというのは、磨かれる前の原石ですから、まだあか抜けていないし、カメラの前に立ってもうまく笑えなかったんですね。そんな女の子を、篠山さんは近くの小さな公園に連れて行き、その中を数周走れと言うのです。言われたとおりに走ってくると、顔が汗ばんで頬がポッと赤くなり、表情もリラックス。そこで、すかさずシャッターを切る。そうすると、とびきり可愛くて、キラキラ輝いた自然な笑顔が撮れるのです。こうした見聞も、雑誌の仕事をしていた時代にはとうていできない経験でした。

テレビの世界に進出
「派手な衣装なら西ゆり子」と評判に

30代後半にさしかかった頃からテレビの仕事に携わるようになったのも、ごく自然ななりゆきでした。

アイドルやアーティストの衣装を手がけていくうちに、私の中で、服装でその人ならではの個性を演出することが、どんどん面白くなっていったのです。知り合いのカメラマンから、

「テレビのバラエティ番組のプロデューサーがスタイリストを探しているんだけど、西さんやらない？」

と、声をかけられたときは、

「いいですよ！」

と、二つ返事で引き受けました。

最初に担当したのは井森美幸さん。それまでアイドル歌手として活動していた井森さんが『11PM』でMCに挑戦するので、番組用の服を用意してほしいと頼まれたのです。

テレビが流行を作り出し、世の中の流れをリードしていた時代。刺激的で楽しいことを発信していたテレビに対し、人々の憧れや期待も大きかったように思います。

そのときに私が考えたのは、

「テレビに出る人は普通の服ではいけない」

ということでした。タレントも女優も、特別なオーラを放っている存在ですからね。

「さすが芸能人！　あんな服、見たことない。いったい、どこで買うんだろう？」

画面を観ている人たちの目が思わず釘付けになるような装いであるべきだ、と思いました。さらに、視聴者のみなさんがワクワクするような〝非日常感〟をスタイリングで演出しようと決めたのです。出演者には、舞台衣装のような奇抜なデザインの帽子をかぶってもらったり、あえて全身真っ赤な服や靴で揃えたりして、とびきりインパクトの強い衣装を目指しました。おかげさまで、

「派手な服なら西ゆり子」

と、業界でも評判になり、あちこちの番組からお声がかかるようになりました。

人気番組『なるほど！ザ・ワールド』の司会をされていた楠田枝里子さんの衣装も担当しました。できる限り奇抜でインパクトのある衣装を探し出し、楠田さんも見事に着こなしてくださったので、

「あのアーティスティックな衣装は西さんだったのですか！」

と、今なお覚えてくださっている方が多いようです。印象深いのは、楠田さんがこどもの日の週の放送にちなんで「鯉のぼりを着たい」とおっしゃったときのこと。もちろんそんな既成の衣裳はないので、浅草だったか合羽橋で鯉のぼりを買い、それを縫い合わせて、世界で一着だけの鯉のぼりのドレスを作りました（笑）。

その他、楠田さんからは、

「司会者はノースリーブを着ちゃダメ」

「ジーンズはNG」

「座ったときに、膝がしらが見えるミニスカートもダメ」

などなど、トーク番組やバラエティ番組の常識も教えていただき、テレビのコードを知る上でとても勉強になりました。

深夜のバラエティ番組『いきなり！フライデーナイト』や『MOGITATE！バナナ大使』に出演されていた山田邦子さんも担当しました。当時、テレビで見ない日がないほど売れっ子だった山田さんは強烈なオーラの持ち主で、「これでもか！」というくらい派手な衣装がバッチリ似合う方。芸人さんですから、

「目立って、ナンボ」

というところもあるのでしょうが、どんな派手な衣装もノリノリで着てくれました。自分の魅力をきちんとわかっておられるのでしょう。

「この色が好き」

「このデザインは嫌い」

と、はっきりした好みがあり、自身を演出されていたのだと思います。

それぞれの人の好みやこだわりを知り、より魅力的に映るスタイリングを考える。私はどんどんテレビの仕事に惹かれていきました。人が好きで、好き嫌いがはっきりしていて、ちょっぴりおせっかいな私の性格にピッタリ合っていたのでしょうね。まあ、そのおかげで、タレントとケンカしちゃうこともあったんですけど。ケンカっぱやいところも、やはり江戸っ子の血なのかもしれません。

実際の色とモニターに映る色の違いを徹底研究！

バラエティ番組の仕事を始めた頃に、不思議なことに気がつきました。紫色やある種の緑色の服を着せたとき、モニターで見るとなぜか青色に見えてしまうのです。これは当時のテレビに「青をひろう」性質があったからなんですね。カラーの画面は光の三原色で構成されているのですが、赤より青の光のほうが強いのです。そのせいで、紫色や、緑色の中でも青みの強いターコイズグリーンがブルーに見えてしまうことがある。

この原理を知らなかった当初は、

「あれ？　ターコイズグリーンのブラウスに黄色いスカートのはずが、ブルーのブラウスと黄色いスカートになっている。これじゃあ、色の組み合わせがおかしい！」と、失敗してしまったこともありました。

天気予報の番組によくあるように、出演者の背景に画像を映す場合も要注意です。クロマキーといって、画面上で画像を合成するために、出演者の背後にグリーンやブルーのバック（幕）を天井から下げている。そのグリーンのバックの前に緑色の服を着せた人間を立たせると、肌色の顔だけが画面に映り、体の部分は透明になってしまうのです。ブルーのバックに青色の服でも同じことが起こります。つまり、バラエティ番組の収録をするときに、その日のバックがグリーンなら、タレントには絶対緑色の服を着せてはいけないのです。たとえ白い服でも、もし緑色の水玉模様がついていたら、その部分だけが抜けて透明に見えてしまうので要注意。こうした業界特有の常識も、テレビの仕事をするようになって初めて学んだことでした。

最初は「向いていない」と感じたドラマの世界

同じテレビの仕事でもドラマに活動の場を移したのは40代も半ばを過ぎてからの話で

す。バラエティ番組で一緒に仕事をしていたプロデューサーがドラマ班に異動して、

「西さん、ドラマもやって」

と言うので、またしても
「はい!」って。私はまず「はい!」って言うんですよ。誰かに何かを聞かれたら、「はい!」って答えなきゃいけないと、子どもの頃に教わったから。でも、ドラマの仕事を始めた当初は、自分にはあまり向かないかも、と感じていました。

というのも、ドラマの衣装は「つながり」が大切なのですが、それがとても面倒なんです! たとえば、あるシーンで、ヒロインがスカーフを巻いていたとしますよね。そのスカーフを可愛く見せるため、凝った結び方をしたとするでしょう。でも、それぞれのシーンを必ずしも台本の順番通りに撮影していくとは限らないので、次のシーンを撮影するのが1週間後ということもあります。その場合、前回とまったく同じ結び方をしないとシーンがつながらない。複雑な結び方をしてしまうと、同じ形にするのはとうてい無理な話ですから、無難な結び方をするしかありません。主人公のジャケットにバッジを1個つけ忘れたために撮り直しになるような失敗もしました。本来のスタイリングとはまったく違ったところに神経を使わねばならない。それがとにかく面倒だったし、

なんだかつまらないと感じたんですね。

それに、その時代は、衣装の予算もあまりありませんでした。当時は、私のような外部のスタイリストが入るのはまだ珍しく、テレビのドラマは「衣装さん」と呼ばれる衣装部の人たちが用意するのが常でした。ちなみに、服以外の帽子やバッグなどの小物類は「持ち道具さん」の担当です。

衣装は、毎回、新調するわけではなく、衣装部に保管してあるシャツやコートを使い回していました。しかも言い方は悪いですけれど、その辺の洋品屋さんで買ったような地味なものが多かった。そんな現場にファッショナブルな服を持っていくのもなんだか場違いのような気がして、

「着せたい服を着せられないんじゃ、面白くない」

と、思っていたんです。

ところが、そんな私の思い込みを、完全にくつがえしてくれたのが、当時、フジテレビのドラマのプロデューサーだった山口雅俊さんと演出家の河毛俊作さんでした。山口さんと河毛さんのコンビが1997年に制作・演出した『ギフト』を撮影する際に、

「メインの女優さんたちのスタイリングを任せたい」

と、私に声をかけてくださったのです。山口さんは神戸出身で灘高から東大法学部を卒業された秀才。河毛さんは製紙会社代表の御子息で慶應ボーイ。お2人とも、頭も良ければ、お洒落のセンスも抜群でした。女社長役を演じた室井滋さんのために、

「ケンゾーの服を選んでもいいですか？　ルブタンの靴を履いてもらってもいいですか？」

と、尋ねたときも

「いいね！　どうぞ、どうぞ」

と、おっしゃってくださって。ドラマの世界にも、こんなにファッションがわかる人たちがいる！　嬉しくなって、そこから、俄然ヤル気が出たんです。ドラマだからって気兼ねをする必要はない。私がいいと思うブランドや、とびきりお洒落な服を着せていいんだ。そう考えたらワクワクしてきて、どんどんのめり込んでいったのです。

業界初!?
ハイブランドの借用に成功

『ギフト』では、当時ドラマ業界ではほとんど例がなかったハイブランドの服の貸し出

しにも成功しました。女刑事役を演じる倍賞美津子さんの衣装に、マックスマーラのスーツを使うことができたのです。

倍賞さんと一緒にお仕事をするのはこのときが初めてでした。倍賞さんも見知らぬスタイリストが用意した衣装を着ることに不安があるでしょう。もしも私がいまいちな服を持っていったら、せっかく声をかけてくださった山口さんや河毛さんの顔にも泥を塗ることになる。私は絶対にマックスマーラの服を用意したいと思いました。

しかし、海外のハイブランドが、日本のドラマに服を貸してくれた例はなかったと思います。当然の話です。たとえば、雑誌なら、そのページに掲載した服の値段や問い合わせ先もクレジットとして明記されるのでブランドにもメリットがありますが、ドラマや映画の場合は、米粒のような小さな文字でテロップが流れるだけ。しかも、誰がどのブランドの服を着たのかも観ている人にはわかりません。

でも、私にとっては今後をかけた真剣勝負。簡単に諦めるわけにはいきません。無理を承知でマックスマーラに飛んでいき、

「ぜひ、貸してください！」

と、直談判したのです。

先方の担当者も
「テレビドラマに貸し出したことがないので……」

と、戸惑っている様子。ですが、ここでひるんでしまっては終わりです。

「そこをなんとか！　外国人体型の倍賞さんにはマックスマーラのスーツがピッタリ似合います！　視聴者も絶対に注目するはずです！」

ひとりで延々と熱弁をふるいました。

「じゃあ、とりあえず一度お貸ししてみましょうか」

私の勢いに根負けしたのかわかりませんが、なんとかＯＫをいただくことができました。嬉しいことに、放送が始まるとそのスタイリングが反響を呼び、ブランド側も喜んでくださいました。それ以来、ディオールやケンゾーなど、それまで決して首を縦に振らなかった国内外のブランドがドラマや映画に服や小物を貸してくださるようになったのです。もちろん、今でも敷居の高いところは少なからずありますが、それでもスタイリングできる衣装の選択肢がグッと広がって、より表現しやすくなりました。

この作品をきっかけに、『電車男』『のだめカンタービレ』『セカンドバージン』『ファーストクラス』『家売るオンナの逆襲』など、70代になった現在に至るまで、スタイリングを手掛けたドラマは200本を超えました。ファッションで、その役柄を表現できるこの仕事はなんて面白いのか——一作、一作、仕事をさせていただくたびに、そんなやりがいを感じています。

ありがたいことに、

「ヒロインが着ていた服は、どこで買えるんですか?」

と、視聴者の方々からたくさんの問い合わせをいただくこともしばしばで、気がつけば、私はいつのまにか〝ドラマスタイリスト〟と呼ばれるようになっていたのです。

仕事も結婚も、子育てもするのが自分の理想の生き方

先ほども少しお話しましたが、仕事のかたわら、30歳のときに結婚もしました。世間では〝キャリアウーマン〟がもてはやされていた時代でしたが、私は仕事だけに人生のすべてを捧げるような生き方は望んでいませんでした。もちろん仕事をして、結婚もして、子どもを育てるのが理想でした。これはあくまで私個人の勝手な考えですが、

「女性として生まれてきた以上、やっぱり子どもを産んで育ててみなきゃ」

と、思っていたのです。それにはやはり家庭が必要ということで、フリーで広告関係のムービーカメラマンをしていた3歳年下の夫と2度目の結婚をしました。

結婚した年に長男、34歳で次男、37歳のときに3男を出産したので、家の中は男だらけ。まるで合宿所のようでしたね（笑）。長男を産んだ頃は、電車に乗れば新宿まで数分で行ける京王線の笹塚駅の近くに住んでいましたが、その後、夫が仕事で通う撮影所の近所がいいということで、調布市の深大寺に引っ越して。3人の息子たちが大人になるまでの約30年間、私も調布の家からあちこちの撮影現場に通っていました。

3人の男の子を育てながら、スタイリストの仕事も続けてきたとお話しすると、

「さぞ、大変だったでしょう」

「仕事と家庭を、どうやって両立してきたんですか？」

と、みなさんに聞かれます。でも、正直なところ、特別大変だと思ったこともなければ、「仕事か家庭か」で悩んだこともありません。私にとっては、どちらも自分の人生には欠かせない。両立させなきゃという意識すらなく、家事や育児に関してはそれほど力まずに、出来ることを出来る範囲でやろうというくらいの自然体で臨んできたような気がします。深夜に及ぶ撮影で帰宅が遅くなり、翌朝、子どもたちが学校に登校する時

間までにお弁当を用意できなかったときなどは、

「お昼の時間までに間に合うように届ければいいや」

と、撮影に出かける前に、中学校の下駄箱にお弁当を入れに行ったこともありました。自分の仕事をしながら、家事も子育てもあたりまえにこなす――それが決して特別なことではないと感じていたのは、幼い頃から、赤羽の商店街のおかみさんたちの姿を見て育ったからかもしれません。

「男女平等」の夫と二人三脚で

そんなふうに、私が無理せず子育てができたのは、

「家事も子育ても、フィフティフィフティでやればいいじゃない」

という夫の存在も大きかったと思います。子どもをお風呂に入れるのも、部屋の掃除をするのも、夫は手が空いているほうがやればいいという考えの人。

「母親になったんだから、仕事を辞めて家庭に入ってほしい」なんて一度も言われたことがありません。

「予防接種と保護者会以外なら、なんでも行くよ」

亭主関白気取りのいわゆる日本男児ではないところがありがたかったですね。彼のおかげで、長男を生後4カ月から保育園に預けて、私も仕事に復帰することができました。

とはいえ、長男が生まれた頃はバブルの真っ最中。広告の仕事も花盛りだったので、夫は年中海外ロケに駆り出され、ワンオペ育児で孤軍奮闘する日も少なからずありました。当時はまだ延長保育の制度もなく、公立保育園は夕方5時までしか預かってもらえません。時間が不規則な仕事をしている私はお迎えに間に合わないこともしょっちゅうで、ベビーシッターさんを頼んで二重保育をお願いすることもしばしば。当時で1時間1000円と、シッター代も決して安くはありません。それでも、テレビの世界は、一度辞めてしまったら復帰するのは大変だとわかっていたし、何よりも好きな仕事をするのが楽しかったのです。

当時はまだ、今のように〝働くお母さん〟があたりまえの時代ではなかったので、ワーキングマザーを支援する社会的な制度も十分に整ってはいませんでした。でも、なにせ、負けず嫌いな性格ですからね。子どもたちが通っていた保育園の先生から言われた言葉に発奮し、自分の会社を作ってしまいました。今でも、子どもが熱を出したり、体調を崩したりすると、保育園からすぐに電話がかかってきますよね。でも、私が長男を預けた頃はまだ携帯のない時代です。

「お母さん、なぜいつも連絡が取れないんですか？　お子さんの具合が悪くなったときに、困るんですけど」

と、先生に言われてしまって。そりゃあそうでしょう、こちらは、毎回、違う場所にロケに行っているわけですからね。でも、言われっぱなしも悔しいじゃないですか。

「わかりました。先生方の不便がないように、会社を作りますから」って、タンカを切って。すぐに原宿駅前の小さなアパートに部屋を借りて、自分の個人会社を立ち上げたんですよ。そこに固定電話を引いて留守電にしておけば、外の公衆電話からリモートでメッセージが聞けるので、保育園からの連絡もつきやすいだろう、と。部屋を借りるための敷金礼金や、会社を登記するにはそれなりのお金も必要です。手持ちの資金が足りなかったので、

「100万円、貸してください！」

って、ずうずうしくも、当時、私が仕事をしていたバラエティ番組のプロデューサーにお願いし、現金の札束を持って不動産屋に契約に行きました。そんな大胆なことがで

きたのも、

「なにくそ！」

という思いが、私にとって大きなエネルギーになっていたからだと思います。もちろん、そのときお借りした100万円は数カ月後にきちんとお返ししました。

幸か不幸か、2人目が生まれたときにバブルがはじけ、その影響でコマーシャルの仕事も縮小し、夫が家にいる時間もかなり増えていきました。ある意味、夫婦の立場が逆転したと言いますか。私が外に働きに出て、夫が家で子どもたちの世話をする生活になりました。日が暮れる頃になると、スタジオで撮影している私の元に、

「今日の夕飯はどうするの？」と、夫から電話がかかってくるのが日課になりました。

「チャーハンを作って食べさせて」

「ハンバーグは、ひき肉と玉ねぎをこねて、パン粉を足せばいいのよ」と、答えると、夫は私の言葉通りに作ってくれて。次男が生まれてからは、ほぼ夫の手料理で子どもたちは育ったような気がします。当時、海外ロケが多かった私は、ロケ先から必ず家に絵葉書を送っていたのに、

「子どもたちは、君がいないことに気づかないみたいだよ」って。息子の書いた作文に

「カッコイイお父さん、だらしないお母さん」と書かれていたことも。

「お母さんは、どうしてだらしないの?」

って、尋ねたら、

「夜遅く帰って来て、お酒を飲んでバタンと寝ちゃうから」って(笑)。

私はお酒に弱いので、ほんの1杯ビールを飲んだだけで、すぐに眠くなっちゃうんですよ。幼い頃、子どもたちの目にはそんな私が〝ダメ母〟に映っていたようですが、家庭を守ってくれていた夫のおかげで、息子たちから一言の文句が出ることもなく、3人とも無事に成人させることが出来ました。現在、長男は飲食店に勤め、高校時代にイギリスに留学していた次男は外資系企業で働き、三男はそれなりに知られる日本企業の会社員。現在、次男は、私の会社の事務も手伝ってくれており、ある意味、私の片腕のような存在です。

ひとりの人間として、女性として、ごくあたりまえの暮らしを送ることと、自分のアイデンティティである仕事をすること——どちらがより大切かということではなく、その2つが自然と同居しているのが私の生き方なのだと思います。

仕事仲間は語る 1

河毛俊作さん

フジテレビ
エグゼクティブディレクター

「ジェーン・バーキンの普段着みたいな」
演出家の世界観を
きちんと理解してくれるプロフェッショナル

西さんと初めて一緒に仕事をしたのは、木村拓哉さん主演のドラマ『ギフト』（97年）を演出したときです。それ以来、『タブロイド』（98年）や『アフリカの夜』（99年）など、僕が演出を手がけた数々のドラマでご一緒しましたが、それぞれの作品の世界観をきちんと理解した上で衣装を考えられる方――というのが西さんに対する印象です。

ドラマの衣装に関して言えば、僕は本来、ハリウッドのようなスタイルがベストだと考えています。ただ単に、流行りのお洒落なブランドから服を借りてくるのではなく、脚本をきちんと読み込み、その作品の内容に深く関わって、それぞれの登場人物の役柄に合わせて一から作るべきだ、と。例えば、映画『炎のランナー』などはそのいい例で、作品の世界観を表現した衣装が実に素晴らしいものでしたよね。

残念ながら、今の日本のドラマ界にそれほどの余裕はありません。でも、そんな中でも、西さんはハリウッド映画における〝衣装デザイナー〟に近いスタンスで、衣装を選んできてくださるスタイリストさんだと思います。新しいドラマの撮影に入る前には、毎回じっくりと話し合い、こちらが意図する思いをきちんとくみ取ってくれた上で、それぞれの衣装を用意してくれる。それも、僕が

「ジェーン・バーキンの普段着みたいな服がいいな」

などという抽象的なイメージを伝えても、ドンピシャなスタイリングをしてくれる。「打ち合わせのときは黒い衣装がいいと言ったけど、やっぱり白にしてほしい」と、撮影直前に変更をお願いした場合でも、すぐに頭を切り替えて対応してくださるのがありがたい。しかも、西さんの衣装は、いい意味で目立たない。演出家と一緒にドラマの世界観を構築できる方だから、作品から浮き上がって見えることがないのです。

また、ドラマというものの性質もよくわかっていらっしゃる。ドラマの世界はストーリーの流れによって刻々と変化するものだから、今、主人公は素敵な服を着ているけれど、3シーン後にはどしゃ降りの雨に打たれてズブ濡れになってしまう。そのときに、今、着ている服がきれいに見えるかどうか。前日にはこういう服を着ていたけれど、心境が変化した翌日も、同じテイストの服を着せていいのかどうか。また、このシーンで主人公は強そうに見えたほうがいいのか、それとも弱そうに見えたほうがいいのか――そんな様々な要素をすべて考慮して衣装を用意しなくてはなりません。単に、ファッションのセンスがよければいいというわけではなく、ドラマスタイリストというのはとても難しい仕事なんですよ。ハリウッドやヨーロッパの映画界では、〝衣装〟のポジションに誰を起用するかで、その作品がヒットするかどうかが左右されてしまうこともあるそうで。西さんはそんな要のポジションにふさわしいスタイリストさんなのだと、僕は思います。

東京で生まれ育った町っ子という点も共通しているのかもしれませんが、実は、西さん本人が着ている服も、僕はとても好きなんですよ。僕たちが若い頃に比べて、最近のファッションは「男らしさ、女らしさ」にとらわれないジェンダーレスなスタイルが主流です。西さんは、そんな今どきのテイストもご自分なりに取り入れて、常に〝さりげなくおしゃれ〟な装いをしていらっしゃる。僕自身もそうしたスタイルが好きなので、西さんの私服姿に、つい目がいってしまうんですね。

思えば、『ギフト』のときから、そのセンスは光っていました。あのドラマで、主演の木村拓哉さんの衣装はグッチが借してくださった。ちょうど、トム・フォードがグッチのデザイナーになった頃で、そのお洒落で高価なスーツを、過去の経歴や素性がいっさいわからない主人公に着せるところがこのドラマならではのセンスで。しかも、グッチのスーツを着て、木村さん演じる早坂由紀夫は高級車じゃなくて自転車に乗って移動する。そのアンバランスさが面白いよね、と。西さんには、木村さんを囲む倍賞美津子さん、室井滋さん、小林聡美さんたちの衣装を担当していただいたのですが、

「カッコいい服ならすべてアリ！　カッコ悪かったら、ブランドものでもＮＧ！」

という、僕の思いをきちんと理解してくださった上でのスタイリングだったと思います。


日本のドラマスタイリストの先駆けとなった西さんに、この先、お願いしたいのは、ご自身のようなセンスのある後輩を、ぜひ育てていただきたいということです。もうひとつ、西さんに生地の段階からすべての衣装を作っていただく映画やドラマの仕事を一緒にしてみたい。


僕自身は、ファッションにそれなりの関心があるほうですが、近頃は何かときびしい世の中なので、どんな服を着るかということに、あまり関心を持てない方もいるでしょう。この場でこのデザインのスーツは着ないだろうというお洒落の基本的なＴＰＯに関しても、いまひとつ曖昧になってきている。でも、西さんが手がけたドラマを観ていただいて、

「こういうセンス、カッコいいよね」

と、ファッションに興味を持ってもらえたら。服は、自分が意識している以上に多くのことを伝えられるものなのだということを、みなさんにもっと知っていただくために

も、これからも西さんと一緒にいい作品を作っていけたらと思っています。

かわけ・しゅんさく／52年　東京都出身。慶應義塾大学卒業後、76年、フジテレビに入社し、テレビドラマの演出に携わる。80年代後半から90年代初期にかけ、トレンディドラマ・ブームの火つけ役として活躍。主な代表作に、『君の瞳をタイホする！』(88年)、『抱きしめたい！』(88年)、『沙粧妙子―最後の事件―』(95年)、『ギフト』(97年)、『きらきらひかる』(98年)、『救命病棟24時』(09年) など。映画監督作品に『星になった少年』(05年)。ファッションに造詣が深いことでも知られる。

第二章

ドラマスタイリストという仕事

まずは台本を読み込んで、役柄のキャラクターを設定

ドラマスタイリストとしての私の仕事は、まず台本を読むところからスタートします。

仕事をオファーされるパターンはおおむね2つ。そのドラマや映画のプロデューサーから、

「今度、こういう作品を撮るので、西さん、お願いします」

と、依頼される場合と、

「うちの○○がこういう作品に出るので、スタイリングをお願いします」

と、俳優の事務所から頼まれるケースがあります。

どちらの場合も、お引き受けした段階で、あらすじと人物相関図が記された企画書が送られてくるので、その作品がサスペンスなのかラブストーリーなのかという概要と、

「あの俳優さんがこういう役どころで出るんだな」

ということもわかります。

なんでも「はい！」と答える性格ですから、スケジュールさえ空いていれば、積極的にお引き受けするようにしています。ただ、綿密な時代考証が必要な時代劇や、自分が生まれる前の大正や明治時代のドラマは私の知識ではカバーできないので、お断りせざるを得ないこともありますが。

ドラマの場合は、ヒロインの女優ひとりのスタイリングを任される場合が大半ですが、ヒロインと対になる相手役がいる場合は、主演の2人を同時にスタイリングすることもしばしばです。たとえば、ラブストーリーのヒロインとそのライバルにあたる恋敵とか。それぞれに別のスタイリストがついてしまうと、対極にある役柄なのに似たようなテイストの服を着せてしまうこともありますからね。それでは役のイメージがかぶってしまう。そうならないよう、主演がツートップの場合は2人一緒に。4人の女性が織りなすドラマなら、それぞれの個性の差を際立たせるために、4人全員のスタイリングを任されることもありますね。

そして、それぞれの役にどんな服を着せたらいいのか——そのイメージを膨らませるために私が最も大切にしているのが、台本をじっくり読み込むことです。台本に書かれている言葉遣いや振る舞いから、その人物がそれまで育ってきた過去を想像し、そのヒロインはパンツを着るタイプの女性なのか、それともスカートを好んで着るのか、頭の中で想像の翼をどんどん広げて行くのです。

服装はその人自身を表す名刺のようなものですからね。

「このヒロインはこういう性格で、こういう人生を歩んできた人」

この段階で私のイメージをきちんと固めておく必要がある。もちろん、その作品全体の空気感も台本を読みながら摑んでいきます。いくらヒロインに似合うお洒落な服を選んでも、作品から浮いてしまったら意味がありません。

「ドラマの服は、あくまで演出の手助けをするもの。服だけ目立ってもダメ」

と、『ギフト』のときに演出家の河毛俊作さんに教えられた言葉を心に留めて、毎回、台本を熟読するようにしています。

女優との打ち合わせは毎回、真剣勝負！

自分のイメージが固まったら、次は打ち合わせです。ドラマ・映画の演出家や監督と、お互いのイメージをすり合わせるために、あれこれ相談しながら衣装プランを詰めていきます。「持ち道具さん」の範疇であるバッグや靴、帽子なども、私は自分で用意します。そうしないと、服と小物がちぐはぐになり、全体のイメージがブレてしまうこともありますからね。

打ち合わせの中で、

「僕はパンツじゃなくて、スカートがいいと思うんだよね」

と、演出家が言えば、たとえ台本を読んだときの自分のイメージではパンツスタイルと決めていたとしても、

「なるほど、スカートがいいんだな」

ということで、あらためて台本を読み直します。そうすると、

「このヒロインにひらひらしたフレアースカートは似合わない。シャープなタイトスカートを穿いていただこう。だったら、トップスは小さいショールカラーのシャツが似合うな」

などと、新たなイメージが湧いてきます。演出家の中には

「風が吹いているような服にして」

と、抽象的な言葉で表現される方もいらっしゃいますが、これが意外にイメージが膨らむんですね。演出家が頭の中で描いている情景をどんな服で表現しようかと考えるのは、とても楽しい作業なんですよ。

毎回、緊張するのは、その後の女優との打ち合わせです。たまに男性の俳優のスタイリングを手掛けることもありますが、私の場合、圧倒的に女優との仕事が中心です。ベテランになればなるほど、当然ながら、女優は着る服にもこだわりがあります。

「こういう路線で行こう」

と、演出家と決めた服のイメージを提案しても、

「私、そういうデザインの服は似合わないから」

って、あっさり断られることも日常茶飯事。そう言われたら、

「そうですか、じゃあ、違う方向で考えましょう」

と、引き下がらざるを得ません。なんと言っても、演技をするのは女優ですから。自分が納得した服を着て、気持ちよく演技をしてほしいので、また一からプランを練り直します。

全体のイメージが決まっても、細かい注文が入る場合もあります。

「パンツを穿くのはいいけれど、私は太ももが張っているからスリムなパンツはイヤ。ワイドパンツかストレートでお願い」

「タートルネックは似合わないので、それ以外のデザインで」とか。

「この色は嫌い」「このデザインは苦手」と、人それぞれに様々なリクエストも数知れず。演出家のイメージにぴったりで、作品の雰囲気に溶け込んで、なおかつ女優の希望にあった服――そんな一着を探すのは、正直な話、めちゃくちゃ大変なんですが、大変であればあるほど、私は燃えます。それこそ、一回、一回が真剣勝負!

「みんなが納得のいく服を絶対に探してみせる!」

生まれつき、楽天的な、なんでもうまくいくと思う性格が、役に立っているのかもしれません。

衣装合わせは イチかバチかの賭け

その後の〝本読み〟にも、私は必ず参加するようにしています。役者たちの顔合わせも兼ねて1話目の台本の読み合わせをするのが〝本読み〟です。そこに、本来、私たちスタイリストが必ずしも同席する必要はないんです。他のスタイリストに尋ねても、〝本読み〟に顔を出しているという話はあまり聞いたことがありません。

でも、私にとっては貴重な情報収集の場なんです。同じ「疲れた」というセリフでも、

「疲れたぁ〜」

と、脱力系な言い方をする方もいれば、

「疲れた！」

と、怒ったような言い方をする人もいる。そのセリフ回しを聞いて、それまでに自分の頭の中で作り上げていた衣装プランを最終チェックして、

「だったら、もう少し明るい色の服にしたほうがいいな」

というように、マイナーチェンジをすることもよくあります。

本読みの後の衣装合わせは、スタイリストとしての大一番。女優に実際に提案するいち押しのAパターンと、少し守りのBパターンの服を用意します。それも各々1シーンずつではなくて10シーンとか。たとえば、ヒロインが会社勤めだった場合、オフィスで着る服、プライベートで着る部屋着、合コンに行くときの勝負服など、様々なシチュエーションでの服が必要ですからね。それぞれをA・B2種類のパターンで用意して

「どちらがいいですか？」

と、演出家と女優にプレゼンする。何回経験してもドキドキする瞬間です。その場で試着していただくことも多いので、AかBか最終的に決まるまで何時間もかかります。その間、

「さあ、どっちにします⁉」

と、勝負を挑んでいるような心境です。でも、それで無難なほうを選ばれたとしても、決してヘコむわけではありません。実際には、すべてAパターンの服だけ、Bパターンの服だけということはあまりなく、

「このシーンはAだけど、このシーンはBでいこう」

と、ミックスされてしまう場合が大半です。それだとキャラのイメージがブレてしまうので、なるべくどちらかのパターンで統一してほしいというのが本音なんですが、ドラマは私ひとりだけの作品ではありません。たとえ、おすすめのパターンと無難なパターンが混ざってしまっても、それならそれでベストを尽くそう。そんな気持ちの切り替えが、ドラマスタイリストの仕事には必要なのだと思います。

どこかに「トレンド」を取り入れることも欠かせない

もともとは「衣装さん」が手掛けていた服選びを、なぜ、私のような外部のスタイリストが任されるようになったのか。それは、やはり〝今〟を着せなきゃいけないと、演出家が考えたからだと思います。

映画の場合はあまり気にする必要はありません。10年先、20年先も観てもらえることを前提に作っているので、流行りの服ばかりでスタイリングしてしまうと、後で観たときに、逆に古臭く見えてしまうということもありますからね。バブル時代に作られた映画を今観てみると、

「ああ、懐かしい〜。ああいうファッション、流行ったよね」

と、レトロな気分になるように。でも、現代ドラマの場合は〝今〟の風景を見せることが使命ですから、登場人物が着ている服もどこかにトレンドを取り入れる必要がある。そうじゃなければ、私が撮影現場に呼ばれていく意味がありません。

それに、視聴者のみなさんだって、ヒロインが最新のお洒落な服を着ていたらやっぱ

り注目しますよね。特に女性の場合、それもドラマを観る楽しみのひとつです。ですから、ヒロインの年齢に合わせて
「私が今、20代だったら、こういう服を着る」

「40代だったら、こんな服を着たい」

と感じる今どきのデザインのものを選びます。そのために、服飾メーカーやブランドの最新コレクションにもまめに足を運ぶようにしています。

ある程度年齢を重ねたベテランの中には、

「いくら流行っているとは言え、こんなデザインは着られないわ」

と、おっしゃる方もいます。そんなときは、

「この服を着たら、若い視聴者からも〝素敵、今どきだよね〟って思われますよ」

と、説得を試みます。ひと昔前のデザインの服ばかりを着ていたのでは、どんなに美しくても〝過去の人〟に見えちゃいますからね。それでも「ノー」と、おっしゃる方もいれば、

「じゃあ、着てみるわ」

と、チャレンジされる方もいる。で、いったん腹をくくったら、そこはやっぱり女優

です。

「パワーショルダーのブラウスなんて、私に似合うかしら？」

と、楽屋では二の足を踏んでいた方も、いざカメラが回ると見事に着こなして、堂々たる演技を見せてくれる。そのオーラと言ったらハンパじゃない。

「さすがだなぁ！」

そのパワーに私のスタイリングが助けられることもしょっちゅうです。服にも、それぞれ持っているパワーがありますからね。キャリアのある女優であればあるほど、強烈なパワーを持ったハイブランドの服が似合います。反対に、デビューしたての新人にエルメスやシャネルなどのハイブランドの服を着せても、なんだか貸衣装のように見えてしまう。実際に、デビューしたてのある新人女優にヴィトンのドレスをフィッティングしてみたところ、服だけが目立ってしまい、ものの見事に似合いませんでした。

トレンドの服には、やっぱり「今が旬！」のエネルギーがありますからね。女優たちの存在感をいっそうパワーアップするためにも、ぜひ、トレンディなスタイルでドラマに登場してほしいと思うのです。

服装に〝リアル〟を反映するために

〝流行〟を取り入れるとともに、もうひとつ私が意識しているのは、服装に〝リアル〟を反映することです。同じ女優でもバリバリのキャリアウーマンを演じるときもあれば、平凡な家庭の主婦を演じるときもある。主婦役を演じるならば、ドラマを観ているみなさんが

「今どきの主婦っぽいよね」

と、感じるスタイリングを心がけねばなりません。

2011年に放映されたドラマ『名前をなくした女神』では、「幼稚園児を育てているお受験ママ」という主演の杏さんの役柄がリアルに伝わるような服装を意識しました。174cmの長身で、ファッション雑誌のモデルもされている杏さんはどんな服でも格好良く着こなせる人。それだけに、あまりお洒落な服を選ぶとオーラが出すぎて、現実に生きているお受験ママのリアル感がなくなってしまうので、一般の方々が手に入れやすいブランドの服を選んで、等身大のお受験ママに見えるように気をつけました。

そんなリアリティを取り入れるために、日頃、街を歩いているときも、道行く人たちの服装を自然とチェックする習慣が身についています。もともと、人間観察をするのが好きなこともあり、カフェのカウンターに座ってガラス窓越しに外を眺めながら、

「いまどきの若いビジネスマンはネクタイをしていない人が多いな」

と、気づいたり、公園のベンチに座れば、子育て中のファミリーに自然と目が向いて、

「イクメンと呼ばれる、最近のお父さんたちはこんなにお洒落なのか」

と、感心したり。

また、同じ〝リアル〟でも、違う方向から見ると、まったく別の顔をのぞかせるときがありますよね。富士山もそうですが、山梨県側から見た場合と静岡県側から見た場合では、景色がぜんぜん違います。それと同じで、一人の人間でもシチュエーションによってガラッと性格が変わることがある。普段は大人しくて地味なヒロインが、クラブで踊るときだけは別人のようにハジケちゃうとか。

「大人しいという設定だけど、別の一面もあるので、赤い服しか着ないヒロインにしようかな」

などと、あれこれ考えるのもとても楽しい。勝気で服装に無頓着だったヒロインに、恋に落ちた瞬間から一転してフェミニンな衣装を着せるとか。ヒロインの心境の変化を服装でリアルに表現できるのも、ドラマスタイリストならではの醍醐味だと思います。

リースの現場では、「顔がつく服」を見つけ出す

ちなみに、ドラマや映画の撮影で使う衣装の大半は、これぞと思う服飾メーカーやブランドに借りに行きます。

私の場合、リースの現場では常に「顔がつく服」を探しています。そうお話しすると、

「顔がつく服って、どんな服なんですか？」

と、必ず聞かれるのですが、メーカーのプレスルームにズラリと並んだ貸し出し用のサンプル品を見たときに、

「あ、これにはAさんの顔がつく」

と、その場でピンと来る服とでも言ったらいいでしょうか。同じタイプの服でも色や

デザインが少しでも違えば、

「ああ、こっちにはBさんの顔がつくな」っていうように。その女優に着せる服を探しに行くと、その方の顔がつく服がおのずと目に飛び込んでくるんです。

もちろん、似合う服なら必ずいいというわけではありません。本人に似合って、なおかつそのドラマの役柄にふさわしいものでなければ。

「この女優さんが主婦の役をやるなら、この服だよね」

「外務省に勤務しているキャリアウーマンを演じるなら、絶対にこの服」

というように。

つまり、「〇〇さんという女優さんがその役を演じたときの顔がパッと浮かぶ服」とも言えますね。どんな素敵な服でも、顔がつかない服は借りてきませんし、お目当てのブランドに「顔がつく服」が一着も見つからなかった場合は一大事。急いで、ほかのメーカーやブランドを回って、これぞ！ という服を見つけ出さねばなりません。

後から客観的な視線で考えてみると、

「あの女優さんは丸顔だから、Vゾーンの服だとスッキリ見えて、顔がついたんだな」

と、それなりの分析はできますが、借用の場ではあくまで直観。自分の感覚だけを頼りに、毎回、ベストな1着を見つけ出しているのです。

「お直しのプロ」は強い味方 どんな役者にもピッタリな一着に

ドラマの仕事をするようになった当初、一番驚いたのは、ひとくちに女優、俳優と言っても、実に様々な体型の方がいることでした。雑誌のスタイリストだった時代に一緒に仕事をしていたファッションモデルたちは、当然のことながら、みんな服を着るために生まれてきたようなプロポーションの人ばかり。どんなデザインの服でもきれいに着こなせるのがあたりまえのことでした。

ところが、役者は必ずしもそうとは限りません。「魅力的」という点で言えばピカ一ですが、実際にお目にかかってみると、テレビの画面で見た印象より小柄、首が短い、どちらかの肩が下がっている等々――

「このコートをカッコよく着せたい」

と、思っても、手の長さが微妙に足りないなんていうことも。

そんなときに備えて、私はいつも腕利きの「お直しのプロ」をブレーンにしています。たとえば、シャツのサイズがちょっと大きめな場合、スチール撮影ならカメラから見えない背中側をクリップで留めて、ベストなラインを作ることが可能です。でも、動きながら演技をするドラマや映画の場合、その方法は使えません。

そこで「お直しのプロ」の出番です。メーカーの許可を得て、シャツやジャケットのラインを調整するために、一度、背中の縫い目をほどいて、それぞれの役者さんにピッタリ合ったラインにミシンで縫い直してもらいます。

「肩パッドが入っているジャケットは似合わないの」

と、女優から言われたときなども、肩パッドを抜いて形を整えてもらいます。

そうやって改造した衣装も、サンプル品の場合はメーカーに返さなくてはなりません。でも、そこはさすがプロの技！　役者の体型に合わせて縫い直した服を、一寸の狂いもなく、再び元通りにお直ししてくれるのです。この強い味方がいてくれるおかげで、どんな体型の方でも、最高の着こなしを画面でお見せすることができるのです。

「動ける服」には隠し技が必要

映画やドラマでは動きながら演技をするのがあたりまえです。つまり、いくらお洒落なデザインとは言え、動きにくい服はもってのほか。立ったり座ったりするシーンが多いときは、ストレッチが効いたパンツルックにするなど、役者がスムーズに演技をしやすいような服を選ぶのも、ドラマスタイリストの重要な仕事です。

たとえば、最近のTシャツは袖がパフスリーブになっていたり、ふわっと広がるフレアータイプのものも多いですよね。ところが、上にジャケットをはおる場合、そうした袖が膨らんでいるデザインのTシャツを中に着ていると、腕のつけねのあたりがもたついて動きにくくなってしまう。そんな状況を避けるため、上にはおりものを着る場合はストレートな袖のシンプルなTシャツを用意しなければなりません。その代わり、上着を脱いでしまうと、なんの面白みもないTシャツ姿になってしまうので、

「ジャケットを脱がずに芝居をしてください」

と、演出家と俳優にあらかじめお願いしておきます。

演出上、途中でどうしてもジャケットを脱がねばならないときは、中に着ているTシャツの袖が膨らまないように仕付け糸で留めておき、ジャケットを脱ぐときにスッと腕が抜けるようにひと工夫。そして、「カット！」の声がかかったら、次のシーンを撮影

する前に、素早く仕付け糸をほどくのです。そうすれば、たとえ中にボリュームのある袖のTシャツを着ていても演技の邪魔にはなりません。

衣装合わせのときには特に問題がなくても、いざ現場で動いてみると、

「パンツの裾が長くて走りにくい」

「すぐにベルトがほどけてしまう」

といったアクシデントも起こります。激しく動きながら演技をしたことで、女優が穿いていたタイトスカートの縫い目がさけてしまったこともありました。演技に集中するあまり、役者が何かをこぼすこともよくあります。穿いていたパンツの上にコーヒーをこぼしたり、あるときなどは、食べていたラーメンの汁を着ていたトレーナーの上に思い切りこぼしてしまったことも。そのときは、1時間かけて、私がそのトレーナーを洗濯し、元通りのきれいな状態に戻してから、続きのカットを撮影しました。そんな様々なトラブルに即座に対応するために、撮影現場には七つ道具が欠かせません。

ハサミ、針、糸、安全ピン、アイロンはもちろんのこと、裾を縫っている時間がないときの応急処置として役立つ両面テープ、ニットのカーディガンをひっかけてしまったときに編み目を整えるための編み棒や染み抜き剤など——7つじゃなくて10個以上はあ

りますね（笑）。どんなシーンでも俳優が演技に集中できるような隠し技を使いこなせてこそ、一人前のドラマスタイリストと言えるのかもしれません。

「撃たれる」シーンは「二番ぞろえ」で対応

歩く、座るといった自然な動きだけでなく全力でダッシュする、坂道で転ぶ、ガケから落ちるなどの激しいアクションシーンもドラマにはつきものです。思いきりころべば、パンツが破けることもありますし、泥だらけになって汚れることもしょっちゅうです。

こうしたシーンに使う衣装は、できるだけ買い取れる服を選ぶようにはしていますが、メーカーやブランドのサンプル品の場合は買い取ることができません。泥だらけになってしまったときは

「申し訳ありません」

と、ひたすら謝って、染み抜き専門店でクリーニングしてもらいます。料金はそれなりに高くつきますが、泥やワインなどのシミもきれいに落ちて、ほぼ元通りの状態に戻

るので助かっています。

刑事ドラマでお馴染みの「撃たれる」シーンでは、「撃たれる前」と、服に赤い血のシミがバーッと広がる「撃たれた後」用に、同じ服を2着用意しておきます。「撃たれた後」のシーンから先に撮影する「逆つながり」の場合もあるので、1着しか用意していないと「撃たれる前」のシーンが撮れなくなってしまうのです。同じ衣装を2着用意することを「二番ぞろえ」と言うのですが、サスペンスドラマや刑事ドラマは、台本を読んだ時点で、

「ああ、ここで二番ぞろえだな」

と、あらかじめ把握しておく必要がある。撮影するシーンの順番も頭に入れておかなきゃいけません。特に、連続ドラマの場合は、撮影がスタートした時点でラストまで脚本が上がっていないことも多いですからね。上がってきた脚本に毎回しっかり目を通し、ストーリーをきちんと把握しておくことも大切なことなのです。

ドレスがない！　ネクタイがない！
撮影現場はピンチの連続

台本を読んでストーリーの流れをきちんと把握し、予期せぬアクシデントに対応できるように様々な準備をしておいても、撮影の現場では、心臓が止まるかと思うようなピンチに見舞われることがままあります。もっともよくあるのが、後で編集するときに、衣装の細部が違っているせいで、前のシーンと次のシーンがつながらないというミスです。

私も、ドラマスタイリストとしてある程度のキャリアを積んでからは、毎回、現場にアシスタントをひとりか2人連れて行くようにしています。屋外で1シーンだけ撮影などという場合はアシスタントに任せ、自分はほかの仕事の現場に行っていることも少なくありません。そのシーンで俳優が着る服は衣装合わせのときにすでに決まっているので、あとはきちんと着せてあげればいいだけですからね。その現場に慣れているアシスタントなら、ひとりでも大丈夫なんですよ。

ところが、誰にも「つい、うっかり」ということがある。あるドラマのときなどは、その日に撮影するシーンで、主演の女優は首からＩＤカードを下げていなければいけなかったのですが、現場を任せたアシスタントがカードを下げるのを忘れてしまった。そのまま誰も気がつかず、ＩＤカードなしで残りのシーンをすべて撮り終わり、後日、演出家さんが編集しようとしたところ、ＩＤカードを下げていないために前のシーンとつながらない。結局、主演の女優だけでなく、その場に出演していた共演の女優たち全員をもう一度お呼びして撮り直しになりました。

こうしたミスはもちろん私の責任です。その女優の衣装を管理している責任者は私ですからね。

「いったい、何、やってるの？」

と、お叱りの言葉を受けることもありますが、そうおっしゃるのも当然なので、それこそ平謝りに謝ります。

また、あるときは、衣装を担当した女優が急に川に落ちることになってしまいました。それも、そのシーンを撮影する2日前に、

「ここで、川に落ちたいよね」

って、突然、演出家が思いついて……。さあ、大変！　川に落ちれば服がビショビショに濡れてしまうので、拳銃で撃たれるシーンと一緒で「二番ぞろえ」にしておかなきゃいけません。でも、そのときに着せていたのが、よりによってとっても高価なフォクシーのドレスだったんですね。しかも、そのドレスを借りてきた東京のショップに同じ

ものはなく、大阪のショップから取り寄せるしかないことがわかりました。本番までに間に合うかどうかの瀬戸際だったんですけど、大急ぎで東京のショップまで送ってもらい、そこからバイク便で撮影現場の川べりまで猛スピードで届けてもらって、ギリギリセーフ！　もし最初から、「川に落ちる」と台本に書いてあれば、あらかじめ同じ衣装を2着用意していたのですが、演出上の変更なんてしょっちゅうですからね。

バイク便と言えば、大阪から東京までネクタイを届けてもらったこともありました。そのときは、ある俳優の衣装を担当しており、その日の撮影の間、彼はずっとネクタイをつけていたんです。でも、休憩中にどこかでそのネクタイをはずしたらしく、

「撮影再開！」

の声がかかったときに、どこを探しても見つからない。それでも俳優を責めることはできません。衣装の管理をしている私たちドラマスタイリストの責任です。すぐに借りてきたブティックに電話をしたところ、このときも、

「同じネクタイは大阪の店舗にしかありません」という残念な返事で。

仕方がないので、大阪からバイク便をすっ飛ばしてもらい、3時間という超特急で東京のスタジオまで届けてもらいました。そのときのバイク便の代金は10万円！　もちろ

ん、私の会社が支払いました。

本当に、毎回、ドキドキの連続です。でも、私の場合、意外にこうしたトラブルが嫌いじゃないんです。予期せぬアクシデントが起こったら、メソメソと落ち込んでいる場合じゃない。とにかく次の一手を考えることが先決です。

「こう来たか。じゃあ、どうすればいいんだろう?」

って、難しいパズルを解くときのように、脳ミソをフル回転させて問題を解決することに、実は快感を覚える性格なんですよ。

「黒子」の私が現場に着て行く服は?

長年、この仕事を続けてきたわかったことは、スタイリストには2種類のタイプがいるということです。ひとつは、自分が着飾るよりも、誰かにお洒落な装いをさせるのが好きな人。もうひとつは、自分もお洒落をするのが大好きで、だからこそ、みんなにもお洒落な恰好をさせたいと思う人——私の場合は、あきらかに後者のタイプです。

撮影現場に行くときも、常に〝自分らしい〟お洒落を意識したスタイルで出かけます。もちろん、「黒子」の立場ですから、現場であまり目立ちすぎてはいけません。主役はあくまで演じる女優ですからね。

かと言って、あまりにも地味だったり、センスが感じられないような着こなしをしていたら、

「この人に私の衣装を任せても大丈夫?」

と、女優が不安になってしまいます。私が選んだ服を自信を持って着こなしてもらうためにも、自分は常に〝動く広告塔〟であらねばと思っています。撮影現場で私が着ている服を見て、

「あら、ステキ。この人が選んだ服なら安心ね」

と、安心していただけるような。

そのために、黒子ではあるけれど、どこかワンポイントだけエッジを効かせたコーディネートを心がけるようにしています。シンプルなトップスにシンプルなパンツを合わせた場合は可愛い帽子を被るとか。オーソドックスなラインのワンピースを着たときは、アクセントとして襟元に黄色のスカーフをあしらってみるとか。それで、

「そのスカーフ素敵ね、どこで買ったの?」

と、褒められたらとっても嬉しい。この仕事をする上で、それがひとつの励みにもなっているので、

「今日は、何を着て現場に行こうかな？」

と、考えるのも毎回楽しみなんですよ。

いくつになってもお洒落な服を着こなせる体型でいるために

仕事の現場で、私が常に〝動く広告塔〟であるためには、いくつになってもファッショナブルな服が着こなせる体型をキープしておかなくてはなりません。

幸い、子どもの頃から痩せ型で、ダイエットで悩んだことはありません。でも、若い頃から猫背だったので、40代、50代になって背筋や腹筋が衰えてくると、どんどん前かがみの姿勢になっちゃって。それでは、どんなに素敵な服を着ても台無しです。

「これではいけない！」

ということで、スクールに通ってヒップホップダンスを習ったり、60代からは、週に一度、サルサのレッスンも受けています。踊るのはもともと大好きなんですよ。

早朝の5時からスタートし、〝てっぺん〟と呼ばれる夜中の12時を回って、さらに深夜の3時まで——なんていう長時間の撮影があたりまえのドラマの現場では、ある意味、体力が勝負です。この仕事を始めたばかりの頃は、私も長時間撮影の合間を縫って、衣装部屋でちょくちょく仮眠を取っていました。炎天下での真夏の撮影、体の芯まで凍えそうな冬の寒風の中で撮影することも珍しくありません。体型をキープすることも大切ですが、かなりの体力がないと務まらない。何らかの運動を続け、体を鍛えておくことが絶対に必要です。歩くときも常に背筋を伸ばすように意識して、シャキッとした姿勢で歩くようにしています。

50代からは食生活にも気を遣うようになりました。以前、卵巣嚢腫を患って体調を崩したこともあり、

「ヘルシーな食生活で体調を整えよう」

と、玄米と野菜中心のベジタリアンに近い食事を続けてきたんです。ところが、最近、あるお医者様に相談したところ、

「それでは力が出ない。もっとジビエ系の肉を食べなさい」

と、アドバイスされました。それ以来、ラムチョップやウズラの肉などを積極的に食

べるようにしたら、とても体調がいいですね。中でも、最近、よく食べているのはグラスフェッドビーフ。無農薬の牧草だけを食べて育ったグラスフェッドビーフのお肉はジビエに負けないほど栄養価が高いとか。お肉を食べているおかげか、俄然ヤル気も湧いてくる。この調子なら80歳まで現役で、バリバリ仕事が出来そうです。

「似合ってる！」と声が上がる瞬間が一番のやりがい

ドラマスタイリストという仕事の楽しさは、何と言っても、ひとりの人間の性格や内面の変化を服で表現できること。単にきれいな服を着せればいいわけではありません。その作品のテーマやストーリーに合わせてベストなスタイリングを提案する――私にとっては、それが何より面白いと感じています。

もともと、おせっかいな性格なので、本番前に女優たちが控室で衣装を身につけるときには、さりげなく一声かけるようにしています。

「ちょっぴりツンとした感じでお願いします」

「幸薄い役ですよ」

その役の人間性も背負って、服を着てほしいと思うのです。

また、衣装合わせの場で、女優に試着してもらったときに、役へのスイッチが入ったのを感じることもあります。本番ではないにもかかわらず、服が本気にさせたというか、その役へと生まれ変わらせたのです。周囲のスタッフから、

「わーっ、すごく似合ってる！」

と、声が上がることもある。その瞬間が私にとっては至福のとき。

「やった！　私って天才かも（笑）」

自分が手掛けたスタイリングに皆さんの歓声があがる瞬間に、一番のやりがいを感じます。

役者のパワーと服が持っているパワーを掛け合わせ、それぞれの作品にとってベストな装いを考える。同じ作品はひとつとしてありませんから、それこそ、

「毎回、勝負！」

です。それができるのが、ドラマスタイリストという仕事の醍醐味なのかもしれません。

仕事仲間は語る 2

大石 静さん

脚本家

ヒロインの性格や心境を〝服の力〟でもう一段深めて観る人を引き込むスタイリングが見事！

ドラマの脚本を手掛けるとき、私はヒロインの服装までイメージして書いています。生まれはどこなのか、どんな性格なのか――役者が決まっている場合は、その方を思い浮かべて書きますが、まだ決まっていない場合は、自分の頭の中で人物像を膨らませ、どんな服を着ているのかも考えます。

でも、そんな自分なりのイメージを、実際に脚本に書くことはありません。脚本家の中には、服装まで細かく指示される方もいらっしゃるようですが、私の場合、監督に聞かれたら、服のイメージもお話ししますが、脚本には書きません。

なぜならば、ドラマは自分ひとりの作品ではなく、チーム全員で作るものだからです。決定稿となり、私の手を離れた脚本をどんな形にするのかは、監督やそれぞれのスタッフに委ねたほうがステキだと思うからです。

つまり、自分が想いのすべてを注いだ脚本は、「さあ、これをどう料理するの?」という、私からスタッフ全員への挑戦状であり、「ステキに仕上げてね」というラブレターでもあるわけです。

そんな私からの挑戦状を、いつも真っ向から受けて立ってくださるのが西さんです。西さんのスタイリングには、毎回、「やるな!」と、感心させられます。

たとえば、2010年の『セカンドバージン』で、鈴木京香さんが着ていた衣装も、実は、私が頭の中で思い描いていたのとはまったく違うものでした。京香さん演じる中村るいは編集者という役柄だったので、私自身は、ジャケットにパンツというような、お洒落ではあるけれど、もっと裏方的な服装をしている女性をイメージしていました。そのるいに、西さんは胸の谷間を強調したシャツや体のラインがはっきりとわかるワンピースを着せた。ドラマの初回を見たときは、「へぇ〜、こんな服を着せるんだ」と、正直、少し驚きました。だけど、回が進むにつれ、西さんが選んだ服が、るいが封印していた〝女〟の部分を見事に体現してくれていたのだということがよくわかり、脱帽しました。

仕事をしている時のるいはかなり厳しい女性です。「いまどき、こんな人、いないいんじゃない?」っていうくらい仕事一筋で、仕事相手や部下に対する言葉もキツい。そんなるいが、もし私がイメージしていたようなカチッとしたジャケット・スーツを着ていたら、視聴者のみなさんも、このドラマを観る気が失せてしまったかもしれません。けれど、るいの〝女〟の部分をのぞかせる衣装を西さんが選んでくれたことで、17歳も年下の男性と禁断の恋に堕ちていく揺れる女心がより強調されました。まさに、〝服の力〟

です。『セカンドバージン』のヒットの一翼は、西さんの衣装が担っていると思っています。

北川景子さんがヒロインを演じた『家売るオンナの逆襲』の衣装も驚きでしたね。「こんな組み合わせの色を着るんだ！」と、思わず目が釘付けになりましたけど、あのカラフルな衣装がヒロインのブレない強さを表現し、〝一風変わった性格〟という三軒家万智のキャラクターをさらにパワーアップしてくれたのです。ボルドーのトップスに水色のスカートといった組み合わせは、自分に自信がある女性でなければ着こなせないので、不動産を売ることにかけて天才的な能力を持った万智にはまさにピッタリのコーディネートでした。

そんな絶妙なスタイリングが出来るのも、西さんが脚本を深く読み込める方だからだと思います。監督と打ち合わせをする時も、相手の意見に納得できないと一歩も譲らないと聞きます。それは、それだけ西さんが脚本の内容を深く把握し、我々の常識をはるかに飛び超えた所で、役の表現としての鮮烈な衣装をイメージできる天才だからだと思います。脚本の内容をあまり考慮せず、ヒロインの女優がきれいに見えるだけの服を選んでくるスタイリストも少なくない中で、西さんは本当の意味での、クリエイターであり、プロフェッショナルなんです。

西さんとは年代的にも同世代で、1歳年下の私のほうが妹分。同じ時代を生きてきたクリエイターとしても、とても尊敬しています。私たちが若い頃は、イラストレーターやスタイリストといった横文字の職業はまだ確立されていなかったですから、映画やドラマのでは、貸し衣装会社の人が衣装部として、出演者全員の服装を考えるのが常でした。そんな時代に、西さんは、登場人物ひとりひとりのキャラクターに合わせた衣装をスタイリングするという、今日のドラマスタイリストの地位を切り開いてきたパイオニア。それまでは存在しなかったポジションなので、当然、周囲からの風あたりも強かったはずです。過酷な闘いもあったでしょう。それでも、ドラマスタイリストという道なき道の先頭に立ち、今日に至るまでずっと第一線で活躍されてきた。しかも、その間に、ご主人と力をあわせて、3人のお子さんも育て上げていらっしゃる。その意志の強さは半端じゃないと感じます。脚本家として〝生涯現役〟を目指している私にとっても、西さんの仕事に対する姿勢や生き方は大きな目標であり、励みになっています。

おおいし・しずか／東京都出身。日本女子大学文学部国文学科卒業。86年、脚本家としてデビュー。連続テレビ小説『ふたりっ子』（96年～97年）では、第15回向田邦子賞、第5回橋田賞をダブル受賞。その後もヒット作を連発。近年の主な作品に『セカンドバージン』『家売るオンナ』シリーズ、『大恋愛～僕を忘れる君と』『知らなくていいコト』など。

第三章

私を育ててくれたドラマたち

『セカンドバージン』

主人公のファッションに問い合わせが殺到記念すべき作品

2010年10月から10回にわたり、NHKで放送された『セカンドバージン』は、約30年に及ぶドラマスタイリストとしての私のキャリアの中でも、一、二を争う思い出深い作品と言えるかもしれません。

オンエアされるやいなや、鈴木京香さんが演じるヒロイン・中村るいのファッションが視聴者のみなさんの目に留まり、

「るいみたいになりたい！」

「るいが着ている服はどこで買えるの?」

という声が、〝NHKドラマ史上最多〟と言われるほど数多く、番組ホームページの掲示板やツイッターに寄せられたのです。

私にとっても非常に嬉しい経験でしたが、それだけ、るいのファッションがみなさんに評価されたのは、このドラマのスタイリングには必要とされる条件がすべて揃っていたからではないかと思います。

ひとつ目の条件は、なんといっても主演の鈴木京香さんが、私がイメージするスタイリングをどんな服でも美しく着てくださる方だったこと。選んできた服を、すべて前向きに、そして完璧に着こなしてくださいました。

2つ目は、監督が私のセンスを信頼し、服選びに関して100%任せて下さったこと。監督の中には、「このヒロインには赤い服を着せたい」「キャラに合わせて、こんなデザインの服を着せたい」と、具体的に指示をされる方も少なくありません。でも、このドラマを演出された黒崎博監督、柳川強監督は、

「西さんのセンスに任せる」

と、自由に服を選ばせてくださったので、

「私たちなりの、るいにしましょうね」

と、京香さんと相談しながら、お互いのイメージをダイレクトに表現できるスタイリングが叶いました。

そして、3つめはヒロインの衣装に予算をかけられたこと。予算が非常に限られ、衣装に理解がない現場だと、

「本当は、あのブランドの服を使いたいけど、ちょっときびしい」

と、あきらめざるを得ないケースもままありますが、このドラマでは、ハイブランドの服を着用することにこだわり、マックスマーラやエミリオ・プッチの服、ブルガリのバッグなどもラインナップすることができました。

これらの条件が揃ったおかげで、自分にとっても100％納得がいくヒロインが生まれました。そのスタイリングをみなさんが気に入ってくださったことは、ドラマスタイリスト冥利に尽きる、とても嬉しい経験でした。

コンサバ＋ちょっぴりセクシーで大人の女性の魅力を表現

るいのスタイリングの基本コンセプトはコンサバティブ。正統派のデザインできちんとした上質の服を基本にしています。編集者という役柄から考えると、本来ならばもっとラフな服装を選ぶのが一般的かもしれません。ですが、るいは出版社の専務であり、

社長の片腕として会社を切り盛りする管理職という立場でもありました。〝有能なビジネスウーマン〟というイメージを演出するために、オーソドックスなデザインのワンピースやシャツにタイトスカートなど、対外的にも失礼のないコンサバな服をベースにスタイリングを考えました。それなりのキャリアを重ねた大人の女性ですし、自分の年齢をごまかさずに若い男性と対等に恋愛する女性という意味でも、流行を追った〝若づくり〟のファッションは避けたいと思ったのです。

とはいえ、17歳も年下の男性と恋に落ちるあやうさも持った役柄ですから、40代半ばを過ぎても〝女〟をもちろん捨てていません。そこで、意識したのが「第3ボタンの法則」です。コンサバなスーツに白いシャツを着ているときでも、シャツは第3ボタンまで開けて、胸元を大胆にのぞかせる。ワンピースの場合も、胸元のVゾーンが深く切れ込んだデザインのものを着る。そこから、そこはかとなくこぼれる大人の色気は、若い女性には絶対に真似できません。いっぽうの深田恭子さんが演じる恋人の妻・万理江が〝世間知らずのお嬢さん育ち〟という設定だったので、深田さんとの年齢差やキャラの違いを感じさせるような着こなしも意識しました。

ワンピースを選ぶ際は、体にピタッと張りつくストレッチ素材のボディコンシャスなものではなく、シルクサテンのような光沢のある生地で作られた「体のラインにつかず離れず」なデザインのものにしました。40代以上の女性は、いわゆるボディコンよりも、こうしたデザインのほうがボディラインがきれいに見えるんですね。ただし、るいの場合、そこに「ちょっぴりセクシー」をプラスする必要があったので、ウエストラインははっきりわかることを意識しました。大人の女性を魅力的に見せるには、胸、袖、ウエストのラインがきれいに見えるデザインの服がマストなんですよ。

常に〝攻め〟の姿勢をベルトや時計などの小物で強調

また、るいは何事にも挑戦的で、仕事の場でも常に〝攻め〟の姿勢で臨む性格です。そこを表現するために、時計やアクセサリー、ベルトなどでもスパイスを効かせました。ドラマの前半でよく使っていたのが太いサッシュベルトです。コンサバな黒いワンピースに、あえて白いサッシュベルトを締めたり、シックなベージュのワンピースに赤いベルトを合わせたり。太めのベルトでウエストをマークすることで、マイナス5㎝ほど細く見せる効果もありますから、もともとスタイルのいい京香さんがいっそう魅力的に見えますしね。普段着にロングカーディガンを着たときも、インナーに合わせた白いシャツを太めのベルトで締めて、どんなときでも常に〝挑戦的なるい〟を表現したのです。

時計やアクセサリーも大きなダイヤやターコイズをあしらった個性的なデザインのものを。ベージュ系の服を着たときに、エッジを効かせるためにパープルのバッグを持たせたこともありました。靴も、基本はナチュラルなヌーディベージュのパンプスでしたが、ヒールの部分がブルーやピンクのものを選んで、平凡には陥らない工夫をしていました。

10年以上前に放映されたドラマですが、コンサバをベースにしているおかげで、今、見ても、決して時代遅れのファッションには見えません。40代なら40代なりに、50代なら50代になりに。いくつになっても、その年齢にふさわしい魅力的な女性でいたい――女性たちのそんな願望をリアルな形で表現したのが、『セカンドバージン』というドラマであり、るいが身に着けているファッションだったのではないかと思います。

『セカンドバージン』（ＮＨＫ総合・２０１０年10月〜全10回）
作：大石 静
制作統括：田村文孝
演出：黒崎 博、柳川 強
キャスト：鈴木京香、長谷川博己、深田恭子 他
ストーリー：出版社の敏腕プロデューサーである中村るいは、とあるパーティで17歳年下の金融庁のキャリア・鈴木行と出会う。行には資産家の娘である妻・万理江がいたが、２人はじょじょに惹かれあい、禁断の恋に堕ちていく。「いくつになっても、燃えるような恋がしたい」と密かに願う、大人の女性たちのハートをわしづかみにしたラブストーリー。

『ファーストクラス』

ヒロインの成長に合わせて、衣裳もグレードアップ

下町の衣料材料店で働いていたヒロイン・吉成ちなみが、ひょんなことからファッション雑誌の編集部で働くことになり、そこでの壮絶なマウンティング合戦を繰り返すなかで成長していく『ファーストクラス』。ファッション雑誌の編集部が舞台ということで、そこで働く女性たちはみなおしゃれであるという大前提を踏まえた上で、それぞれの役柄にふさわしい衣装を考えていきました。

顔合わせの場で、主演の沢尻エリカさんとお話ししたときも、「もし、吉成ちなみがまったくファッションに関心がない女の子だったら、いくらファッション雑誌の編集部に入ったからと言って、シンデレラのように、突然、おしゃれな女性に変身したりはしないよね」

ということで意見が一致。そこで、まだ衣料材料店に勤めている頃から、〝おしゃれが好きな女の子〟という設定で、ちなみの衣装を考えていきました。ただ、ドラマがスタートした頃のちなみは「経済的に余裕がない」設定だったので、

「手作りの服でおしゃれをするかも」

と考えて、コットンの服をメインに着せることに。コットンなら、手頃な値段で生地が買えるし、自分で縫うのもリアリティがある話ですから。そこで、コットンのギャザースカートの上にブラウスを着せ、キャンバス地のリュックを背負い、足元はショートブーツにソックスという、〝地元の町で見かけるちょっとおしゃれな女の子〟といったコーディネートで、ドラマがスタートしました。

そんなちなみが編集部に入り、じょじょに自分のポジションを上げていくにつれ、着せる服も少しずつグレードアップさせていきました。その際、「いきなり」じゃなくて、「じょじょに」というのが、このドラマのポイントです。ちなみが編集長（板谷由夏さん）に、

「もっと、ファッション雑誌の編集者にふさわしい恰好をしなさい」

と、叱られるシーンなども登場するので、台本とにらめっこしながら、

「今回は、これくらいまでおしゃれにしちゃってもいけるかな?」

と、毎回、匙加減を考えながら、服を選んでいきました。

そして、女同士の闘いを勝ち抜いて、ついにちなみが編集長の座についたとき、それまでとはスタイルを一新! 実は、沢尻さんご本人の希望もあって、編集長になったときから、ちなみが着ている服はすべて沢尻さんの私物なんです。ピンクのツイードのシャネル風スーツなどを、ご自分のクローゼットからお持ちになった。パワーのあるブランドの服を着こなすことにかけて、沢尻さんは天下一品。以前、映画でご一緒したときも、全編ディオールの衣装を、それは見事に着こなしてくれたことを覚えています。沢尻さんは、いわゆるモデル体型ではありません。でも、どんな服でも着こなせる、生まれながらのセンスを持っていらっしゃる。プライベートでもおしゃれがとても好きな方なんだなということが、このドラマを通じてよくわかりました。

まずは6人のプロフィールを作り、それぞれのスタイリングコンセプトを決定

実は、このドラマで、私はスタイリングのディレクターという立場でした。メインの

登場人物が6人ととても多いので、私ひとりで6人分の衣衣装をすべて借りてきて、現場で同時に立ち会うわけにはいきません。そこで、それぞれのキャラクターにふさわしい衣装のコンセプトは事前に私が決めておき、実際に衣装をセレクトし、撮影現場で着付けるのは、それぞれの女優を担当しているスタイリストにお願いするというかたちです。

メインのキャラクターが6人いるわけですから、着る服のイメージがかぶってはいけません。それぞれのプロフィールをノートに書き出して、事前に、人物像を整理しておくことがスタイリングディレクターの大切な仕事でした。出身地はどこなのか？ どんな家庭で育ったのか？ 青春時代は幸せだったのか？ はたまた辛い経験があったのか？ たとえ台本には書かれていなくても、自分の頭の中で想像し、それぞれの人物像を創り上げていく。その作業を経て初めて、そのキャラクターにふさわしい服のイメージが浮かんでくるのです。

編集部に入った当時のちなみと対極の存在で、業界のカリスマと呼ばれる編集長の大沢留美には、クオリティの高いハイセンスなキャリアファッションを。大人の女性にふさわしく、ベージュやグレーなどの落ち着いたカラーをベースに、ストールやスカーフでエッジを効かせて、トップに君臨している存在感を表現。この役を演じた、171㎝の長身である板谷由夏さんの颯爽としたたたずまいがいっそう際立つスタイリングを意識しました。

その編集長とは反対に、編集部内で唯一の既婚者で子どもがいる副編集長の八巻小夏（三浦理恵子さん）には黄色や濃いピンクなどの明るい色の服を。ウォームカラーのトップスや主婦ファッションの定番ともいえるボーダーのシャツなども用意して、

「私、家庭があって、幸せなの」

というハッピー・オーラを強調。

帰国子女で、上昇志向の強い編集者の川島レミ絵には最先端の流行の服を。演じたのがファッションモデルとしても活躍されてきた菜々緒さん。トレンドの服をバンバン着ていただくことにしました。このドラマが放映されていた2014年頃に流行っていた膝上丈のギャザースカートの上に鮮やかなブルーのTシャツなどを着てもらい、パンプスもイエローなどのカラーを選んで、メリハリのある装いを心がけました。

マウンティングの順位でちなみと最下位の争いを強いられた編集者の木村白雪（田畑智子さん）のコーディネートは革ジャンをポイントにしました。白雪は契約社員という

立場上、収入の面でも正社員ほどはもらえないので、服にもそれほどお金はかけられないはず。でも、黒い革ジャンが1枚あれば、春はTシャツの上に、冬はセーターの上に羽織れるので着回しが利き、しかも、それなりにお洒落に見える。ファッション撮影の現場などでも動きやすいということで、革ジャンをメインにしてコーディネートを組み立てました。

ちょっぴり悩んだのが、ファッション誌の人気トップモデルという役柄のMINAです。トップモデルということで、当初は、ややとんがったスタイリングにしようかと考えたのですが、この役を演じたのは佐々木希さん。色白で可愛らしい顔立ちの佐々木さんに、エッジの効いたファッションは少しミスマッチ。そこで、監督と相談して「ブリブリな女の子ファッションが似合うモデル」という設定にしてもらい、雑誌の撮影のシーンでは、フリルたっぷりのスカートを穿いていただいたり、ヒマワリがついた麦わら帽子を被っていただいたりしました。

現場を取り仕切ってくださったそれぞれのスタイリストたちのセンスにも大いに助けられました。私が思ってもいなかったようなスタイリングやコーディネートの数々で、このドラマにいっそうの深みをプラスしてくれました。

「それぞれのキャラクターの個性に合わせて、幾人ものスタイリングを考えるのは大変じゃないですか？」

と、聞かれることもよくあります。でも、私にとっては、これこそがたまらなく面白い作業なんです。役柄のプロフィールを自分なりに考えながら、その人の暮らしや育った背景を、服を通じて伝えられたらとても嬉しい。『ファーストクラス』は、その楽しみを存分に味わえた作品です。シーズン1に続いて、舞台をファッションブランドに移したシーズン2も担当させていただいたので、多彩な登場人物のプロフィールを作る醍醐味も、再び味わうことができました。

『ファーストクラス』（フジテレビ・2014年4月～全10回）
脚本：渡辺千穂
製作総指揮：清水一幸
演出：水田成英、小林和紘　他
キャスト：沢尻エリカ、板谷由夏、佐々木希、菜々緒、三浦理恵子、田畑智子　他
ストーリー：ボタンや生地を扱う下町の衣料材料店で販売員をしていた吉成ちなみは、ふとしたこと

から憧れのファッション雑誌編集部で働くことに。だが、そこは女たちの熾烈なマウンティングが繰り返される闘いの場だった。ちなみは、この〝女の世界〟で勝ち抜くことができるのか？　ファッションブランドに舞台を移した『2』でも新たなバトルが展開。

『家売るオンナの逆襲』

色×色で、ヒロインの極端な性格を表現

天才的な才能を持つ不動産会社社員・三軒家万智が、家を売って売って売りまくるこのドラマでは、ヒロインを演じた北川景子さんのスタイリングを担当しました。クールで美しい万智ですが、性格はかなり極端。お客に不動産を買ってもらうための営業手法も、常識では考えられないような破天荒なスタイルです。この「強烈すぎるヒロイン」を表現するにはどんなスタイリングがベストなのかと考えたとき、まず頭に浮かんだのが〝ビビッドカラー〟というキーワードです。

実は、この『家売るオンナの逆襲』はシリーズとしては2作目でした。シーズン1の『家売るオンナ』とスペシャル版の『帰ってきた家売るオンナ』は、他のスタイリストが衣装を担当しています。その当時の万智の衣装とあまりかけ離れてしまうと、視聴者

のみなさんも違和感を抱いてしまいます。そこで、シーズン1のスタイリングで基調にしていた「ベーシックカラーに、ビビッドカラーをポイントで効かせる」というコンセプトをさらにパワーアップさせ、一般的なコーディネートではあり得ないような「色×色の足し算」で、万智の極端なキャラクターをより際立たせようと考えました。

たとえば、鮮やかなイエローのコートの中に水色のジャケットを着る。赤いロングコートに黒×イエローのスヌードを合わせ、足元のパンプスは水色。ターコイズグリーンのコートにパープルのパンプスを組み合わせるなど、一般的なファッション雑誌では「NG」とされているような色の組み合わせでありながら、

「こういう組み合わせも素敵かも」

と、視聴者のみなさんに思っていただけるようなコーディネートを心がけました。

そんな意表をついた色の組み合わせでも、サーカスのピエロのような奇抜な装いに見えずに済んだのは、生地の素材を合わせたからです。ドラマの背景となっていた季節が冬だったので、コートやジャケットを着るシーンが圧倒的に多かった。それらのアウターをフラノやウールといった天然素材で統一したことで、たとえ黄色に紫という組み合わせでも、それぞれの布地の風合いや色の彩度が合っていたおかげで、チープな印象に

はならなかったのです。

また、「色×色」のインパクトを強調するために、セレクトした服は大半が無地のもの。ときおり、

「仕事の現場に、ヒョウ柄のコートを着ていくの?」

といった意表をつくような柄物を取り入れたりもしましたが、それ以外の衣装は99%無地で統一しました。

スカートは思い切って全ボツ シャープなパンツスタイルで統一

衣装合わせのときは、念のため、スカートも用意していました。でも、北川さんのように整った顔立ちの方がスカートを履くと優しい印象になり、

「万智の強さが薄らいでしまう」

ということで、すべてパンツで統一することにしました。それも、万智のクールで極端な性格を表現するには、スッキリしたシルエットのストレートなデザインのものが似合います。また、不動産会社の営業という役柄なので、ドラマの中では、靴を脱いで家

に上がるシーンが度々登場します。その場面で、もしワイドパンツを履いていたら、裾がお殿様の袴のようにもたついてしまって美しくありません。そんな場面設定も考慮して、裾がやや短めのアンクル丈で、体につかず離れずのラインのストレートパンツを万智の定番に決めました。パンプスやバッグに至るまで、全身ビビッドカラーで攻めていますから、アクセサリーもパワフルな色に負けない強めのモチーフのものを。ピアスも大ぶりのものを合わせています。

毎回、リアルな世界ではあり得ないようなコーディネートばかりだったのですが、ヒロインを演じた北川景子さんは躊躇するどころか、毎回、大いに楽しんで着こなしてくださいました。もともと、北川さん自身も男気のあるサバサバした性格で、シャープで頭の回転が早いという点でも、万智とどこか共通点があるのかもしれません。そんな北川さんだからこそ、ごく自然に、この衣装を着こなしていただけた。役柄の性格に合わせることはもちろんですが、その役を演じる女優の個性にマッチしているかどうかで、衣装のパワーがさらに倍増するのだという貴重な学びになりました。

『家売るオンナの逆襲』（日本テレビ・2019年1月〜全10回）
脚本：大石 静
プロデューサー：小田玲奈、柳内久仁子（AXON）
演出：猪股隆一、久保田充 他
キャスト：北川景子、松田翔太、工藤阿須加、千葉雄大、イモトアヤコ、仲村トオル
ストーリー：「私に売れない家はありません！」と豪語する、不動産会社の天才営業社員・三軒家万智が、客の抱える様々な個人的な問題をも慧眼で察知して、家という人生最大の買い物を型破りで豪快な手法で売りまくる。シリーズ第3弾の本作では、謎の宿敵フリーランスの不動産屋・留守堂が登場したり、万智と課長の屋代との結婚話も描かれる。

『時効警察はじめました』

監督のこだわりを徹底的に反映した衣装をセレクト

『時効警察』シリーズは2006年にシーズン1がオンエアされたときからずっと、メインキャストの衣装を担当させていただいています。このドラマの脚本・演出をメインで手掛けている三木聡監督は、セットや小道具にも並々ならぬこだわりがある方で、ドラマをご覧になる視聴者のみなさんも、随所にのぞく監督の密かな遊び心を毎回楽しみにしていると評判です。

当然、キャストに着せる衣装も監督のこだわりを反映したものでなくてはなりません。三木監督とは、シーズン1の撮影を始める前にじっくりと話し合い、監督の世界観をきちんと伺った上で、それぞれの役柄にふさわしい衣装を考えていきました。

あたりまえのことですが、警察署内のシーンでは、私服で捜査にあたる刑事以外の警察官たちはみんな制服を着ています。でも、この制服、実は既存のものをコピーしたのではなく、デザインして作ったものなんですよ。全員ブルーの制服ですが、よくよく見ていただくと、オダギリジョーさん扮する主人公の霧山修一朗が所属している時効管理課の制服だけ、他の課のものよりブルーの色が濃いことに気がつきます。なぜかと言えば、時効管理課は実在の警察署には存在していないので、他の課とはあえて色のトーンが違う生地を選んだというわけです。捜査の際に、霧山のバディとなる麻生久美子さん扮する三日月しずかは実在する交通課に所属しているので、時効管理課のものより、一段明るめではっきりしたブルーの生地を使用。制服姿の2人が並んでいるシーンを見ていただくと、その違いがよくわかると思います。

署外に捜査に出かけるとき、霧山が着ている私服は、50年代から60年代にかけてロンドンの若者の間で流行ったモッズ・スタイルがベース。このスタイルに決めたのも、「時効管理課のセットは、イギリスの田舎にある一軒家のような雰囲気にしたい」という三木監督の強いこだわりがあったから。その監督の思いを反映し、時効管理課のインテリアは、まるでシャーロックホームズの書斎のようなウッディで落ち着いた雰囲気になったので、主人公のファッションも英国調で統一しようと考えました。シリーズ3作目の『時効警察はじめました』では、霧山はアメリカ帰りという設定だったので、マクレガーやゴールデンベアといったアメリカン・カジュアルのブランドを取り入れつつも、基本のスタイルは引き続きモッズの流れで。お尻まで隠れる丈のジャケットの前ボタンをすべて留め、その中に、古着屋さんで見つけてきた70〜80年代のヒッピー&サイケ・テイストのシャツ着るというスタイルを定番にしました。

三木監督からは、

「部屋着として、霧山にジャージを着せたい」

というリクエストもあったのですが、モッズやヴィンテージのシャツが定番の霧山に、アスリートが着ているような体育会系のジャージを着せるわけにはいきません。イメージがちぐはぐにならないようにあちこちのブランドを探し回って、エンジの地に鶯色のラインが入っている、フランス系ブランドのおしゃれなジャージを見つけたときは嬉しかったですね。

霧山の相棒である三日月しずかの私服に関しては、彼女の私生活の変化に伴って、シーズン1、2、3のそれぞれで少しずつテイストを変えています。霧山に乙女のような恋心を抱いていたシーズン1では、リセ風のファッションを。1から月日がたってちょっぴり大人の女性になったシーズン2では、合コンに着ていくような流行りの服を。結婚、離婚を経て再びシングルに戻ったという設定のシーズン3では、人生の酸いも甘いも嚙分けたしたした「大人っぽさ」を表現するために、コンサバの中に現代的な要素を取り入れたトム・ブラウンの服をイメージしたスタイリングを。ブルックスブラザーズの高級ラインなどを手掛けているトム・ブラウンはアメリカン・トラディショナルを得意とするデザイナーなので、アメカジをポイントに効かせた霧山のファッションともマッチしますからね。

レディースの服とは違うメンズファッションの選び方

私の場合、比較的、女優をスタイリングすることが多いのですが、この『時効警察』シリーズのように、男性俳優のスタイリングをする機会も決して少なくありません。フォーマルの場ではボタンダウンのシャツは着ないなど、レディースと違いメンズファッションには確固としたルールがあるので、男性のスタイリングをするときはそうしたルールを踏まえていなくてはなりません。ルールをきちんとわかった上で、あえて着崩す

ならいいのですが、

「この人、わかってないわね」

というスタイリングをしてしまうと、その服を着ている俳優が笑われてしまいます。でも、考え方を変えれば、メンズファッションは基本の路線さえ決まってしまえば、ある意味、ラクかもしれません。女性のように、スカートにするかパンツにするか、はたまたワンピースを着せるかで悩むこともなく、パンツにシャツかセーター、その上にジャケットやコートといったコーディネートが基本ですからね。男性の役者の場合、衣装に対するこだわりも、女優に比べたら圧倒的に少ないですし。

この『時効警察』シリーズで、長年、ご一緒してきたオダギリジョーさんも、どんな衣装を着るかに関してはほとんど任せていただいています。ただ、何枚かあるシャツの中から

「お好きなものを選んでください」

と、お願いすると、毎回、変わった柄やユニークな色合いのものを選ばれます。サイズ感も気になるようで、

「ウエストを、ちょっとだけ詰めてほしい」

といったリクエストをいただくことも。そのご希望に沿って、シリーズ3作目の『時効警察はじめました』では、定番のモッズのジャケットも、ウエストを少し絞ったデザインのものに変えました。サイズ感を気にされるのは、

「自分をカッコよく見せたい」

からではなく、演技をする際に、スムーズに動けるように意識されているから。演技の妨げにならないような衣装を用意するのも、私たちドラマスタイリストにとって大切な役目です。

『セカンドバージン』のように、おまかせで、自由に衣装を選ぶのも楽しいですが、この『時効警察』シリーズのように、監督のこだわりを徹底的に追求して服を探し出す仕事も、また違った楽しさを味わえます。時効管理課にかかっている黒板には、毎回、ウィットにとんだひとことが書かれているし、ストーリーとは無関係の奇妙な張り紙が貼られていたりするのも、ファンにとってはお楽しみ。一度見ただけでは気がつかない箇所にまで様々なこだわりが隠されている。全編〝こだわりの宝庫〟ともいえる、この『時効警察』シリーズの衣装を選ぶ作業は、私にとっても刺激的でした。日頃は、めったに足を運ばない古着屋さんなどにも足しげく通ったことで、自分自身のスタイリング

の幅も新たに広がったような気がします。

『時効警察はじめました』(テレビ朝日・2019年10月〜全8回)
脚本・監督：三木 聡 他
プロデューサー：大江達樹（テレビ朝日）、山本喜彦（MMJ）
キャスト：オダギリジョー、麻生久美子、吉岡里帆、磯村勇斗、豊原功補 他
ストーリー：時効が成立した未解決事件を趣味で捜査する総部署・時効管理課の警察官・霧山修一朗の活躍を描くコメディー・ミステリー。シリーズ3作目の本作では、霧山は出向先の米FBIから帰国したという設定。毎回、犯人に手渡す「誰にも言いませんよカード」を始め、ドラマの随所に、視聴者の笑いを誘う要素や小道具などがちりばめられている。

『七人の秘書』

「名乗るほどの者ではございません」決めゼリフにふさわしい衣装を

「秘書たちが主人公」というこのドラマのお話を最初にいただいたとき、「大銀行の頭取や都知事の秘書なんだから、うんと派手で華麗な衣装を着せよう」と、考えました。ところが、『ドクターX』シリーズも手掛けたプロデューサーの内山聖子さんから、

「この秘書たちは影の軍団だから、衣装も目立たないものにしてほしい」

というリクエストがあったのです。

「名乗るほどの者ではございません」

という決めゼリフのように、普段は目立たない存在である秘書たちが悪を成敗し、世の中を動かしていく――それがこのドラマのコンセプトなので、秘書たちの服が目立っ

てしまうと、ストーリーの妨げになってしまう……。

正直、これはかなり難しい仕事だなと感じました。決して目立ってはいけないけれど、それなりのポジションにある秘書という立場がわかり、なおかつ6人の女優たちの魅力を引き出すようなスタイリングでなければならない。でも、難しい仕事だからこそ、「私がやらねば！」と、いっそうヤル気が湧いてきたのです。

7人いる秘書のうち、唯一の男性である江口洋介さんをのぞいて、6人の女優たちのスタイリングをすべて担当。ただ、『ファーストクラス』のときと同様に、このドラマの場合も、私はスタイリングディレクターというポジションで、実際の服のセレクトなどの現場は、それぞれの女優の衣装を担当しているスタイリストにお任せしました。それぞれのスタイリストのセンスで、衣装の幅も広がったと感謝しています。

スタイリングの方向性を決めていくにあたり、最初に考えたのが、主役にあたる東都銀行・常務秘書の望月千代のスタイリング・コンセプトです。グレーやネイビーのシックなパンツスーツに白いシャツを基本にしようと思いました。この役を演ずる木村文乃さんは常務秘書という役柄ですから、キリッとしたシャープなイメージを演出する必要があります。まずは同じデザインのスーツで、パンツの丈がくるぶしの上のものと下のものの2パターンを用意しました。試着していただいた結果、くるぶし下のフルレングスのほうがお似合いで、より颯爽と見えたので、そちらを採用し、さらに上着のジャケットの丈を2cm伸ばして、ジャケットとパンツが一体化して、全身の印象がよりシャープに見えるように調整しました。

私服姿にそれぞれのキャラの人生を反映

同じ東都銀行の頭取秘書でありながら、田舎から出てきた、ちょっとドジで可愛い女の子といった役柄を演じる広瀬アリスさんには、千代との差別化を図るため、明るいベージュやクリーム色のスカートスーツを定番に。私服も、薄いピンクやブルーといったパステル系のカラーの服を選びました。顔合わせのときにアリスさんにお話を伺ったところ、実は10代の頃にバスケットボール部に所属していて、大会に出るほどのレベルだったとか。そのため、シンプルなカジュアルウエアを着ていただくと、自然とスポーティな雰囲気になってしまうんですね。それでは、この照井七菜という役柄にマッチしない。そこで、あえて小花模様のブラウスを着せたり、フェミニンなラインのスカートを着ていただこうと考えました。

大学病院長の秘書でハッカーのパク・サランは、ＩＴ社会における現代の隠密といった役どころ。性格もどこかに孤独な影があるという設定だったので、サランを演じるシム・ウンギョンさんには、黒のテーラードスーツにネイビーのシャツというように、徹底してダークな色合いの服を着ていただきました。シムさんの場合も、当初、パンツスーツとスカートスーツの両方を試着していただいたのですが、肌がとてもきれいで色白の方なので、スカートスーツを着るとかなりフェミニンな印象になってしまって、この役柄にはマッチしない。また、韓国の女性は、肌を出すことをあまりよしとしないと伺ったので、サランのスーツはパンツを基本にすることにしたのです。

警視庁で警務部長秘書を務める長谷不二子は警察官なので、仕事中は制服です。女性であることで数々の痛い目にもあってきた過去があるので、私服はメンズライクなパンツスーツやスポーツウエアが基本。ただ、この役を演じているのが華のある顔立ちの菜々緒さんなので、メンズライクな服を着る場合でも鮮やかなイエローのバッグを合わせるなどして、どこかに菜々緒さんらしいエッジを効かせるようなスタイリングを意識しました。

大島優子さんが演じる風間三和は東京都知事の秘書という役どころ。他のキャストと同様に、仕事のシーンではスーツが基本ですが、プライベートでは一流ホテルを経営する父を持ち、その父に反発している社長令嬢という設定です。そんな背景を表現するために、もともとはお嬢様なのに、アバンギャルドなファッションを好んでいたブリジット・バルドーのイメージで私服をセレクト。赤いフェイクファーのショートコートにバルーンスカートなどを合わせて、〝不良のお嬢様〟感を強調しました。

政治家の元秘書で、現在は家政婦を仕事にしている鰐淵五月の場合、家政婦の仕事で現場に赴くときは、ドラマ『家政婦は見た』の市原悦子さんのイメージで。ただ、この役を演じているのが室井滋さんだったので、地味な服ばかり着ていただいたのでは室井さんらしさが伝わりません。仕事着が目立たない代わりに、私服姿のときは思い切り派手なファッションで決めていただきました。

仕事着は全員地味でありながら、それぞれの個性で色分けしなければならないというところが、このドラマで最も注意を払ったポイントです。仕事着のまま、全員揃ってカウンターでラーメンを食べるシーンでは、画面のトーンがあまりにも地味になりすぎないように、いつもは白いシャツを着ている千代は明るいブルーのシャツにするなど変化をつけて、その場の空気が暗くなり過ぎないように意識しました。画面全体のトーンが沈んでしまうと、不思議とそのドラマを観る意欲が失せてしまうことがあるのです。

とはいえ、実際に、このドラマがオンエアされているのを観てみたら、誰がどんな衣装を着ているかなんてまったく目に入らない。つまり、それくらい面白いストーリーだったというわけです。それだけ自然に、ストーリーに溶け込めるスタイリングが出来たのは、ドラマスタイリストとして、ある意味〝成功〟と言えるのかもしれません。

『七人の秘書』(テレビ朝日・2020年10月〜全8回)
脚本：中園ミホ　他
エグゼクティブプロデューサー：内山聖子（テレビ朝日）
プロデューサー：大江達樹（テレビ朝日）他
演出：田村直己（テレビ朝日）他
キャスト：木村文乃、広瀬アリス、菜々緒、シム・ウンギョン、大島優子、室井滋、江口洋介　他
ストーリー：世の中で本当に誰かのために活躍しているのは、政治家でも財界や企業のトップでもなく、彼らの陰にひっそりと控えている「秘書」たちだ――そんなテーマを背景に、6人の女性秘書＋その元締めとなる「影の男」が理不尽だらけの日本社会を裏で操り、数々の悪を成敗していく。〝影の軍団〟の暗躍を痛快に描いた社会派エンターテインメント。

仕事仲間は語る

3

板谷由夏さん

女優・「SINME」ファッションディレクター

西さんの選ぶ服には、物語と説得力がある演技にも不思議な力をもらえます

西さんとは数々のドラマでご一緒してきましたが、なかでも印象に残っているのは『ファーストクラス』です。このドラマで私が演じた大沢留美という女性はファッション雑誌のカリスマ編集長。日本のファッション界でもトップに君臨している存在なので、まず誰よりもお洒落でないと説得力がない役柄です。それに加えて、女性らしい気品と威厳もある。そんな留美そのものと言えるような華麗なスタイリング・コンセプトを西さんが考えてくださったおかげで、演技をする際にも大いに力を貸していただけたと思います。

私たち女優の仕事というのは、撮影現場に行くまでは、ひとり妄想に妄想を重ねて、頭の中でその役柄のイメージを膨らませているものなのです。そんな自分なりのイメージをリアルな形にしてくれるのがヘアメイクさんでありスタイリストさんです。そういう意味でも、どんな衣装を着るかということは、芝居をする上でとても重要な要素なんですね。

脚本を読んで私がイメージしたキャラクター像と、スタイリストさんが用意してくれた衣装のイメージがピッタリ一致したときは、気分がとても上がります。たとえば、『女の中にいる他人』（17年）というNHK BSプレミアムのドラマでも西さんに担当

していただきましたが、私が演じた美智子という役に
「赤いヒールを履かせたい」

と、西さんはおっしゃいました。

「私の頭の中で、美智子はハイヒールを履いているイメージだから」

って。その言葉を聞いたとき、

（その通り。私のイメージも、形にするならそういうことだった！）

と、とても嬉しくなりました。

撮影現場で、実際に衣装を着るときも、西さんとはよく話をします。

「この人、こんな真面目なシャツの着方をするかな？」

「もう少し着崩して、襟元のボタンを２つ目まではずしてみる？」

「この性格だと、シャツの袖はまくり上げないほうがいいよね？」などなど。

自分が演じる女性の着こなしについて、西さんとあれこれ相談する時間は、毎回、とても楽しみです。

そんなことができるのも、西さんが台本を深く読み込んでいらっしゃる方だからこそ。その読解力たるや、本当にすごいと思います。私は自分が演じる役に専念すればい

いけれど、西さんは、他の登場人物とのバランスや背景も考えながら、担当の役柄の衣装を考えなくてはならない。一着の衣装を選ぶために、常に頭をフル回転させておられるのでしょう。

それだけきちんと台本を理解していらっしゃるので、西さんが選んできてくださった衣装には強い説得力がありますね。『セシルのもくろみ』（17年）というドラマで黒沢洵子という役を演じたときは驚きました。ある回の衣装に、柄物のトップスに柄物のスカート、その上に着ていたコートの裏側にもさらに柄！　という、めちゃくちゃ〝攻め〟のスタイリングを西さんが用意してくださったのです。一瞬、

「これはすごい！」

と、思ったものの、

「洵子は、柄ｏｎ柄も着こなせる強い女性なのよ」

と説明してくださったので、「なるほど」と納得し、少しも躊躇せずに着ることができました。不思議に西さんが選んでくださった服に「ノー」という気持ちが生まれたことは、これまでに一度もないんです。

女優の仕事と並行し、私は『ＳＩＮＭＥ』というファッションブランドのディレクタ

ーもしているのですが、プライベートで着ている服も、西さんとどこか好みが似ていると思います。2人とも好きなスタイルはベーシック。でも、その中にどこか少しだけひねりや、ヤンチャなところがある装いが好き。

西さんの私服も、本当にお洒落で憧れます。私が西さんの年齢になったとき、あれほどキュートで、なおかつ少年みたいにパンクな要素を取り入れた〝冒険的〟な着こなしが出来るようになれるのかしら？　って。年齢を重ねていく上で、西さんのようなカッコいい先輩がいることが、ファッションが大好きな私にとっても大いに刺激になっています。

朝から晩までスケジュールに追われるスタイリストというお仕事をされながら、3人の男の子を育て上げてきた西さんは、ワーキングマザーの大先輩でもあります。私が下の子を出産した直後にドラマに出ることになり、満足に眠る時間が取れなくて、珍しく現場でヘトヘトになっていたときも、

「もうちょっとしたらラクになるから、頑張って！」

と、励ましていただきました。

また西さんとぜひお仕事をご一緒できたらと思います。いただいた台本のスタッフ欄

に西さんの名前があると、

「やった、嬉しい！」

と、その作品に出演するのがいっそう楽しみになりますからね。


いたや・ゆか／75年、福岡県出身。99年、映画『avec mon mari』で、女優として高い評価を受け、第21回ヨコハマ映画祭 最優秀新人賞を受賞。以降、映画『運命じゃない人』、ドラマ『ホタルノヒカリ』（07年）、『ファーストクラス』（14年）、『天使にリクエストを〜人生最後の願い〜』（20年）など、数々の作品に出演。俳優業と並行し、ファッションブランド『SINME』のディレクターも務める。私生活では2人の男の子の母でもある。

ドラマスタイリストには、どんなタイプの人が向いている？

私の会社のホームページを見て、

「ドラマスタイリストになりたいんです」

と、若い方たちから連絡をいただくことも、近頃は増えました。

じゃあ、どんなタイプの人が向いているかと言えば、なによりもまずは洋服が好きなこと。次に、台本をきちんと読めること。中には、台本を何回読んでも話の流れを理解できない人がいる。いくらファッションセンスがよくても、全体のキャラクターを作れないですからね。

そして、自分の意見をきちんと言える人。たとえば、女優と衣装合わせをしていると、

「え〜と、これとこれ。あとは、これを組み合わせちゃおうかな」

なんて、それぞれ別のコーディネートの中から自分の好きな服だけをひょいひょいと選んで、女優が組み合わせを変えてしまうことがある。でも、それを許してしまうと自分のコーディネートがぐちゃぐちゃになってしまい、なぜその服を選んだのかというポリシーがどんどんブレていく。

そういうときに、

「いいえ、そのブラウスとパンツの組み合わせはあり得ません」

と、自分の意見をはっきり言えることが大切です。もちろん、その服を着るのは女優ですから、その気持ちをできるだけ尊重するようにはしていますけれど、やっぱりお互いにプロですからね。自分の仕事にプライドを持って、言うべきことはきちんと言える芯の強さが必要です。あとは、現場でアクシデントに見舞われたとき、パニックにならずに冷静な判断ができること。そして、何はともあれ強靭な肉体！　20時間以上、ぶっ通しで働いても倒れない体力が必要です。私のもとでアシスタントとして働いてもらう場合は、3年間を見習い期間としています。私の仕事のすべてを覚えてほしいので、衣装の貸し出しも、演出家との打ち合わせも、すべて一緒に行ってもらいます。最初の1年目は、下手に自分の頭で考えず、とにかく言われたことをすぐにやること。現場で喋っていい言葉も
「おはようございます」

「お疲れ様です」

「ありがとうございます」

「失礼します」

「申し訳ありません」

の5つと、「はい」という返事だけ。なぜ、そう決めているかというと、ドラマの現場に若い子がいると、スタッフが気軽に話しかけてくるんですよ。

「ねえ、どこに住んでるの?」

「え〜、下北沢ですぅ」

なんて、現場でぺちゃくちゃお喋りしていると見苦しいんですね。特に、若い女性の場合、スタッフと親しくなると、つい友達口調になってし

まうので、現場でスタンバイしている俳優たちにもいい印象を与えません。一緒に仕事をする方々と失礼のない距離感を保つことを覚えてもらうためにも、このルールを決めました。

2年目は、私たちスタイリストが、アシスタントに今、何をしてほしいのかを先回りして考えて動くこと。

「両面テープを取って」

と言われたら、どの服の何を調整しようとしているのかを即座に判断し、まっさきに動くくらいの瞬発力を養ってもらいたい。そのために、現場でも1年目よりは少し多めに会話をすることも許しています。

3年目は、スタイリングから現場で俳優に服を着せるところまですべて自分の手で行って、なおかつその手柄をスタイリストにあげること(笑)。ここまできたら、4年目には、プロとしてひとり立ち出来るようになっています。

「アシスタントにしてください」

と、これまで私のもとを訪れた人は優に100人を超えるでしょうか。

でも、その人たち全員が向いているわけではなく、ある朝、撮影現場に行ったら、「やっぱり自分にはできません。頭が混乱してしまったので帰ります」と、衣装部屋に手紙が置いてあり、そのままフェイドアウトしてしまった人もいます。

見習いとして、私のもとで3年間の修業をきちんと積んだのは50人ほど。その中には、現在、プロとして活躍している人が大勢いますし、ドラマスタイリストとしてひとりだちした後も、そのまま私の会社に所属して仕事をしている人もいます。

誰にでもできる仕事ではないですし、性格的に向き不向きもあるでしょう。でも、面白くてやりがいのある仕事ですから、もしやってみたいと思ったら、ドラマを見たり、ネットでホームページを検索するなどして、自分とファッションセンスの合うスタイリストの事務所の門を叩いてみてはいかがでしょうか。

第四章

パーソナルスタイリングに必要なこともすべてドラマが教えてくれた

ドラマや映画の仕事を手掛けるかたわら、近頃は、一般の方からパーソナルスタイリングを依頼される機会も増えてきました。

企業の社長、校長先生や弁護士、指導的なポジションについているビジネスウーマンなど——

「知り合いにスタイリストをしている人がいるのよ」と、それぞれの知人のつてで私を紹介されて、主に仕事の場で、ご自分が着る服を選んでほしいと相談されます。相談の内容は、

「今年の冬に着るのはどんなコートがいいか、アドバイスしてほしい」

というシンプルなものから、そのシーズンのワードローブ一式を買い揃えるために、ショップに一緒に選びに行くなどといったものまで様々です。選挙用のポスターを撮影する際に着る服をスタイリングしてほしいと、政治家の方に頼まれたこともありました。

また最近は、おしゃれに変身させる「パーソナルスタイリング」ではなく、自分でおしゃれに着こなせるように〝着る力〟を鍛える『スタイリングレッスン』も行っていますが、こちらも好評です。

実は、こうした一般の方のスタイリングをするときにも、長年、ドラマや映画の仕事で培った経験が大いに役立っています。共通するのはひとりひとりのプロファイリング。第2章でお話ししましたが、ドラマを通じて、私はこれまで、弁護士、刑事、雑誌の編集長、OL、専業主婦など多種多様な役のスタイリングを手掛けてきました。たとえ同じ職業でも、その役を演じる女優や俳優が違えば選ぶ服もガラリと変わります。また、台本に書かれたその役の体型、年齢、キャリアの長さ、性格なども服で表現するため、自ずと、毎回スタイリングは異なります。

このように、その人に関する様々なデータを収集し、それぞれの個性を際立たせていくプロファイリングの手法が一般の方をスタイリングするときにも重要なんですね。その方の仕事の内容、会社員なら部署、役職、キャリアの長さ、そして年齢、性格、家族構成、住んでいる場所など――それらの情報を詳しく伺えば伺うほど、その人にピッタリ合ったコーディネートとスタイリングが、より具体的に私の頭の中に描かれていくのです。

単に、旬のスタイリングに仕上げればいいのであれば、ある意味、簡単。でも、それではファッション雑誌から抜け出たようなコーディネートになってしまい、その人らしいスタイリングにはなり得ません。その人の生き方にマッチした服を選び、その人らしい着こなしを表現するためには、やはりドラマスタイリストとして身につけたプロファイリングの手法が重要なのだと、一般の方のスタイリングをするようになって、あらためて実感させられました。

大阪の阪急うめだ本店の依頼で、5階のインターナショナルファッションのフロアで、お客様のパーソナルスタイリングも、数年前からお手伝いさせていただくようになりました。こちらのお客様はファッションやトレンドに関心の高い方々が中心です。このフロアにはハイブランドのブティックが揃っているのですが、ご自身で買い物をすると、どうしても一つのブランドの服だけで揃えてしまうことになりがちです。もちろん、ブランドのパワーが揃っていることは大事ですが、全身同じブランドだけではカラーが強調されすぎて、着る方の個性が表現できないこともあります。それよりも、様々なブランドの服をミックスしたほうが、さりげなく、その人らしい着こなしができるはず。そこで私が、

「ウィーン・フィルのニューイヤーコンサートを聴きに行くための服を選んでほしい」

といったそれぞれのお客様の要望を事前に伺っておき、様々なブランドの服をミック

スしてスタイリングするというサービスを行っているのです。お客様の中には、特にはっきりとした目的はなく

「何か、私に似合う服はない？」

と、フラリと訪れる方もいらっしゃるのですが、こういうときこそ腕のみせどころ。ドラマのときのスタイリングとアプローチの仕方は多少異なりますが、長年の経験とひらめきで、

「この方が気に入る服を絶対に見つけよう！」

と、私自身にとっても新たな刺激を得られる場になっています。

スタッフが笑顔になれるセカンドユニフォームをディレクション

パーソナルスタイリングだけでなく、私が衣装を担当したドラマをご覧になった企業の方から、

「うちの制服をスタイリングしてほしい」

という依頼もいただきました。自動車メーカーのＨＯＮＤＡからお話があり、２０２

0年1月に大々的なリニューアルを行った「Ｈｏｎｄａウエルカムプラザ青山」で働く女性スタッフのセカンドユニフォームをディレクションさせていただくことになったのです。

そもそも、制服とは没個性的なもの。ファッションにおける「流行」「個性」「独自性」とは相反するものと言えるでしょう。ですが、その定義にかなったトラディショナルな制服は既に存在しているので、私が依頼されたのはより自由な発想のセカンドユニフォーム。制服として、ある程度の統一感を持たせた上で、スタッフそれぞれの個性が感じられるような、お洒落で柔軟な制服をディレクションしてほしいというのが私に与えられた課題でした。

このときも、役に立ったのがドラマで培った経験です。「Ｈｏｎｄａウエルカムプラザ青山」のスタッフには「Ｈｏｎｄａスマイル」という呼び名があります。その名にふさわしく、ひとりひとりが笑顔で仕事ができるように、「Ｈｏｎｄａスマイル」というドラマの中に約15人の主役がいるという設定でスタイリングを考えていくことにしました。スタッフの女性ひとりひとりがどのような仕事に携わり、それぞれがどんな役割を担って、どんな思いでその仕事をしているのかを伺った上で、その女性に似合うコーディネートを考えようと。

その過程で頭に浮かんだのが、

「全員一緒にいても、きれいでスタイリッシュ。ひとりでいても、きれいでスタイリッシュ」

というコンセプトです。たとえば、基本のコーディネートをジャケットにパンツと決めたとしても、ひとりひとりに自分の好きなデザインのものを選んでもらおうと考えました。そうすれば、ジャケットという決まりがあったとしても、ラフなスタイルが好きな人は肩パッドが入っているタイプは避けて、少しゆったりしているシルエットのものを選ぶはず。カチッとしたスタイルが好きな人は背筋がスッと伸びる、ウエストがシェイプされたジャケットを選ぶに違いない。だったら、一から作らずに、既製品の中からそれぞれが好きなデザインのものを選んでもらえばいい。

そう考えて、スタッフのみなさんと一緒に服を買いに行きました。基本となるコーディネートの条件は、

「白っぽいトップスに、下に着るのはベージュかブルー系のパンツ、もしくはスカート」

ということだけ。そう伝えたら、スタッフ全員が

「この服が着たい！」

と、自分の好きなデザインの服を満面の笑みで選んでくれたのです。そのチョイスを元に、「Ｈｏｎｄａウエルカムプラザ青山」のイメージにマッチするように、それぞれの着こなしを私がアレンジしていきました。「Ｈｏｎｄａウエルカムプラザ青山」がドラマの舞台だとしたら、そこで働く女性スタッフたちは全員ヒロイン。「Ｈｏｎｄａスマイル」の名にふさわしく、全員の笑顔が輝き、「楽しく仕事ができる服」をディレクションすることができたのも、私にとって貴重な経験になりました。

キャリアファッションは自分の名刺代わりと考えよう

一般の方々のスタイリングの仕事に携わるようになって感じるのは、日本の女性たちが職場で身に着けているキャリアファッションは「技がなさすぎる」ということです。「オフィスで浮かない」「職場で目立ちすぎない」ということを、まっさきに意識してしまうからだと思うのですが、スタイリストである私の視点から言わせていただくと、

あまりにも没個性。これは私の個人的な見解ですが、キャリアファッションというのは自分の名刺代わりになる装いだと思うのです。仕事相手に名刺を渡したときに、「ああ、この人はこの会社のこの部署で、こういう仕事をしているんだな」と瞬時にわかるように、オフィスでの服装は、今、自分がどんな仕事をしていて、この先、どんなキャリアを目指しているのかが周囲にもはっきりアピールできるスタイリングであるべきです。自分が「ガンガン働く、できる女」を目指しているのか、それとも「職場のアイドル」を目指しているのかでは、身に着ける服装も自ずと変わってくるはずです。たとえば、小さなお子さんがいるワーキングママがバリバリのキャリアファッションを着ていたら、

「ああ、この人は家庭より仕事を優先しているんだな」

と、周囲から思われて、キャパオーバーな量の仕事を任せられてしまう場合もあるかもしれません。そうじゃなく、

「いやいや、私は子どもがいるので定時に帰りたいんです」

と、思っているならば、明るい色のフェミニンなデザインの服を着て、そのような空気感を醸し出すのも一種の作戦というか、自己表現かもしれません。

『ファーストクラス』のなかでも、編集部の中で小さな子どもがいる女性には、「子どもに夕飯を作るため、定時にいったん家に帰りたい」という彼女の思いが服にも現れるよう、エッジの効いたキャリアファッションは避けて、彼女にだけは「いまどきのお洒落なママ」をイメージさせるような服をセレクトしました。つまり、キャリアファッションで最も大切なのはセルフプロデュースなんですね。まずは自分がどんなスタンスで働きたいのかをイメージし、職場にはそのイメージをアピールするような服を着ていくべきなのです。

スーツひとつとっても、「適当に」「なんとなく」選んでいる方が多いように思います。でも、同じテーラードスーツでも、肩の位置、袖の太さなどはそれぞれのブランドによって違います。たとえば、モスキーノのジャケットは袖が非常に細いのですが、ディオールは袖が太めにできている。その中間で、最もベーシックなデザインをキープしているのがプラダです。それぞれのパターンの違いを知っておき、オフィスで自分が目指しているイメージと、自分の体型に最も合っているものを選びましょう。特にジャケットは、肩の位置がピッタリ合っていないと見苦しい印象を与えてしまいます。

また、少なくとも一着は、多少高価でも、

「自分はこれが似合う」

というベストなスーツを買ってみることをおすすめします。その際に、自分の予算が5万円だったら、ちょっぴり背伸びして7万円台のものを買うようにする。今の自分にとって少しだけつま先立ちする価格帯の服を身に着けると、

「もうワンステップ、上に行こう！」

と、仕事にも俄然やる気が出るというものです。

また、オフィスカジュアルが一般的になっている近頃は、スカートの丈やブラウスの袖が長すぎて、仕事をするには不適切なデザインの服を着ていたり、トップスもパンツもビッグなデザインで、周囲にルーズな印象を与えるファッションの女性も目につきます。そうした自由なファッションが許される職場もあるとは思うのですが、仕事着は最低でもどこか一カ所がきちんと締まっていないとよろしくないと私は思っています。ふわりとしたフレアースカートを穿くなら、トップスはコンパクトなニットで引き締める。袖が膨らんだボリュームのあるデザインのブラウスを着るなら、パンツはタイトでシャープなデザインのものにする。だぼだぼのトップスに、ゆるめのワイドパンツの組み合わせでは、

「私は仕事ができます」

と、いくら胸を張っても、周囲の目にそうは映りません。普段一緒に仕事をしている同僚ならば、たとえゆるゆるな服を着ていても、その人がいかに有能かはわかるでしょう。でも、その人の仕事ぶりをよく知らない上司や、たまにしか顔を合わせる機会のないクライアントはどうでしょう？

「こんなラフな服装の人に、大事な仕事を任せても大丈夫だろうか？」

と、不安を抱いてしまうかもしれません。だからこそ、オフィスではどこかにきちんと締まりのある着こなしがマストだと思うのです。

「キャリアファッションは自分の名刺代わり」

という言葉を心にとめて、常に「なりたい自分」をイメージしながら、仕事着を選ぶことをおすすめします。

今日着る服は、今日選ぶ

仕事着に関してもうひとつアドバイスさせていただくならば、

「今日着る服は、今日選ぶ」

ということです。一般的に、

「明日は何を着ていこう？」

と、前の晩にコーディネートを決めておく方が多いのではないかと思います。でも、せっかく決めておいても、翌朝、目が覚めたら予報がはずれてどしゃ降りの雨だったりすると、前の晩とはまったく気分が違っていますよね。お天気とは関係なしに、目が覚めたら

「今日はこの服の気分じゃない」

と、感じることもあるでしょう。それを無視して、前の晩に決めたままの服装で出かけると、心がちっとも躍らずに、仕事に対するモチベーションも上がりません。なぜかと言えば、その日、自分が身に着けている服は自分のメンタルに大きな影響を与えるものだから。特に、女性の場合はその傾向が顕著です。

「今日のコーディネート、なんだかイマイチ」

と、感じたままで仕事に出かけると、一日中気分が晴れないことってありますよね。

私自身の場合でも、家の鏡で見たときはいいと思えた着こなしだったのに、ドアを開け

て一歩外に出た途端、

「いやいや、この日差しにこの服じゃない！」

と、慌てて着替えに戻ったことも一度や二度じゃありません。それだけ服は自分のメンタルを左右するものですから、やはりその日の気分で、「今日、着たい服」を決めるのがベストなのです。

コツは、まず何か一つだけ、その日、自分が身に着けたいアイテムを決めること。

「今日はパールのイヤリングをして行きたい」

「このあいだ買った、あのブラウスを着て行きたい」

というように、

「今日はこれ！」

といったアイテムがひとつ決まれば、後はそれに似合うような着こなしを考えていけばいいのです。アクセサリーでもブラウスでも靴でも、自分が心からワクワクするものを身に着けていれば自ずと気分がアガり、仕事へのヤル気にもつながります。お役所や銀行などのいわゆる堅い職場でも、ダークなスーツのインナーにその日自分が着たいブラウスを着ているだけで心が満たされて、気持ちよく仕事ができるのではないでしょうか。

これは家庭の主婦の方の場合でも同じです。

「今日は英会話のレッスンに行くから、あのスカートを穿こう」というように。今日、自分が何をするのか。どこに出かけて、誰と会うのか。そのためにどの服を着たいのか――服を選ぶことは自分の感性を研ぎ澄まし、自分自身をプロデュースすることです。

仕事にしても家事にしても、その日1日をワクワクと楽しい気持ちで過ごせるように、「今日着る服は、今日の気分で選ぶ」ことを、ぜひ習慣にしてみてください。

カジュアルな装いこそ、もっと遊んで！

「技がない」と感じるのは仕事着だけはありません。働く女性がオフの日に着ているカジュアルウェアや、主婦の方がお子さんの送り迎えや買い物に行くときに着ているワンマイルウェアに関しても、

「感じはいいけど、単調なスタイリング」

が目立ちます。ファッション雑誌を開いても、

「品のいいコーディネート」

「センスの良さを感じさせるスタイリング」ばかりで、ページをめくっているうちに、だんだん眠くなってきてしまう（笑）。

なぜかと言えば、どれを見ても「ひっかかりのない」「無難な」コーディネートが多いから。良くも悪くも、日本人は無意識のうちに「誰からも好かれる」装いを選んでしまう人が多いので、そうしたスタイリングに人気があるのもわかります。でも、ただでさえ、髪や肌の色が同じ人が多い日本なのだから、着る服もみんな同じだったらつまらないですよね。

特に、何かと制約がある仕事着とは違い、カジュアルウエアには何のルールもありません。お子さんを幼稚園に迎えに行くのに、ゴツイ革ジャンにドクロをあしらったシルバーのペンダントを下げていくロック・テイストなお母さんがいたっていいわけですよ。

いきなり、全身〝攻め〟のコーディネートにトライするのはハードルが高ければ、まずは靴下一足から変えてみてもいいでしょう。私がスタイリングをお手伝いした女性に、あるとき、オーソドックスなコーディネートにプラスして、真っ赤なソックスを勧めてみたことがありました。

「今までこんな赤い靴下を履いたことなんて1度もないわ」

と、当初は尻込みされていましたが、いざ履いてみたらピッタリ似合う。

「真っ赤な靴下を履くと、なんだかウキウキする！」

と、今ではすっかりその方の定番になりました。

カジュアルこそ自由に遊べるのですから、もっと自分の心が浮き立つような服を着てほしい。せっかく新しい服を買うのだったら、

「これなら無難」

という路線ではなく、その服を着た自分の姿を想像したときに、思わずワクワクするような1着を選んでほしい。そのほうが、人生がもっと楽しくなるはずだと思います。

家の中で着るルームウエアやパジャマなども同じです。

以前、仕事で親しくなったある女性の家に遊びに行ったことがあったのですが、仕事の現場では、できる女にふさわしくいつもエッジが効いたお洒落な服を着ていた彼女が、自宅ではヨレヨレになったプチプラのハーフパンツを履いていて、

「この服はあり得ない」

と、感じたこともありました。もちろん、決してプチプラの服が悪いわけではありません。私も、「ユニクロ」などで気に入ったセーターなどを見つけると何枚も買い揃えることがあります。ただ、この彼女の場合には、仕事着とルームウエアのクオリティがあまりにもアンバランスでした。仕事着がメイクをしている自分なら、自宅で身に着けているルームウエアは素顔の自分。どちらも同じように大切な自分自身なのですから、部屋着や下着も、外に着ていく服と同等の価格帯のものを揃えておいたほうがいいですね。他人の目に触れる機会も少ないので、デザインや色の面でも思い切って冒険できるはず。ある意味、最も自分らしく遊べるのがルームウェアだと言えるのではないでしょうか。

特に、コロナ禍で「ステイホーム」の時間が増えている昨今は、自分の気持ちをアゲてくれるルームウエアを選ぶことがこれまで以上に大切だと思います。私も、外出自粛期間が続いて気分が落ち込みそうになったとき、今までは着たことがなかった華やかな花柄のパジャマを着てみたところ、パーッと気持ちが明るくなりました。心身ともにリラックスできるよう、家で着るウエアは動きやすくおしゃれなデザインで、天然素材のものを選んでいます。自分のメンタルを整えてくれるのもルームウエアの大切な役目なのかもしれません。

まずは自分の好きなブランドを5つ見つけよう

仕事着にしてもカジュアルウエアにしても、じゃあ、いったいどうすれば、もっとお洒落で自分らしい服を選ぶことが出来るのか。仕事も家事も大忙しの毎日の中で、「これだ！」

という一着を見つけるためには、

「ここに行けば、いつも何かしらお気に入りのアイテムが見つかる」

といった自分の好きなブランドを、男性なら3つ、女性なら5つ、まずは決めておくのがおすすめです。

その際、そのブランドの価格帯は揃えておいたほうがいいでしょう。なぜなら、服にもそれぞれが持っているパワーがあるので、ハイブランドとファストファッションの服を組み合わせても、パワーが違い過ぎてちぐはぐになってしまうから。お洒落上級者があえてミスマッチな着こなしを狙う場合は別ですが、一般の方の場合は、価格帯を揃えておいたほうが服のバランスが取れるので、別々のブランドの服を組み合わせても不自然にならないし着回しもしやすいのです。

スーツのときと同様に、お気に入りのブランドはちょっとだけ自分が背伸びする価格帯のものを選ぶと、今よりも一段アップしたお洒落な着こなしが楽しめます。お洒落も人生も、やっぱり前のめりな姿勢で臨んでいかないと、毎日がつまらないですからね。

特に、年齢を重ねれば重ねるほど肉体は衰えていくので、若い頃よりも服のパワーを借りる必要がある。若い頃はあれもこれもほしいのが常ですが、ある程度の年齢になったら、アイテム数は少なくていい代わりに、それなりのクオリティのものを身に着けていないと自分自身がパワーダウンしてしまいます。

「このブラウス、とっても素敵だけど、予算オーバーだから、似たようなデザインで安いものを買おう」

といった選び方はおすすめしません。妥協して買った服は積極的に着る気分になれませんから、出番も少なく、結局ソンをしてしまうのです。だったら、多少、予算をオーバーしても、

「これしかない！」

と、一目ぼれした服を選んだほうがいい。そのほうが自分の気持ちもアガるし、その服を着る機会も多くなる。40代以上の女性には、そちらのほうが絶対におトクだと思います。

「呼ばれた服」は絶対に買う

「一目ぼれ」ということに関して言えば、ショップに入って店内に並んでいる服を見渡したとき、ふと目に留まって、その服から目が離せなくなる――そんな機会が私にも時々ありますが、それこそまさに自分がその「服に呼ばれた」瞬間です。こういう服に出会ったら、破産しそうな価格でない限り、ぜひ買って帰ることをおすすめします。

「手持ちの服とコーディネートできるかしら?」

と、心配する必要はありません。自分のストライクゾーンのど真ん中にハマった服なら、クローゼットの中に自ずとその服に合うアイテムが眠っているはず。純粋に、自分の好みで選んだ服には、必ず何かしらの共通点がありますからね。

これは私の持論なのですが、そもそも服を買うときは、自分が既に持っている手持ちのアイテムを念頭に置いて選ぶ必要はありません。一般に、ファッション雑誌では、「シーズン前に手持ちの服をすべて出してみて、何が足りないかをチェックしてから、足りないものを買い足しに行きましょう」

といった特集がよく組まれています。たとえば、去年の冬に活躍したワードローブを活用するために、今年はネイビーのコートを買い足そう、白いタートルネックのセーターを買い足そうというように。実際に、私もこの考え方にのっとって、手持ちの服に合う服を探しに行ったことがありました。でも、結果として、ぜんぜん楽しくなかった。

買い足すべきアイテムが見つかって

「これなら、手持ちの服に合うからいいな」と思って買って帰ってきても、ちっとも心がときめかない。なぜなら、その服はただ単に「条件に合った服」だからです。

それよりも

「うわぁ、カワイイ！　こんなところにポケットがついている」

「このリブ編みのセーター、すごく素敵な雰囲気」

と、一瞬で恋に落ちた服のほうが、

「この服をどう着こなそう？」

と、お洒落心がかきたてられます。「これぞ！」という服を選ぶ行為は、ある意味、恋愛に似ているのかもしれません。いくら条件にピッタリな人でも、自分の心がときめかない相手とは、デートしてもちっとも楽しくないでしょう。その一方で、まったく想定外のタイプでも、一瞬にしてハートをわしづかみにされた相手なら、一緒に過ごす時間のすべてがバラ色ですよね。服を選ぶのもそれと同じことだと思います。

「一目ぼれした服ばかり買っていると、コーディネートするのが難しくないですか？」

と、聞かれることもありますが、あまり心配する必要はありません。自分が本当に好きな服だけで揃えたスタイリングなら自然と同じテイストでまとまるはずですし、それこそが本当に「自分らしい」着こなしと言えるのではないでしょうか。

「着る」から「着こなす」へ その具体的な方法は？

今の話の続きとも言えますが、私は自分の着たい服に似合わないものはないと考えています。これもファッションの一般的なセオリーからすればかなり逸脱した考え方かもしれませんが、服は自分の欠点を隠すものではなく、自分自身の心を楽しくするために着るものだと思っているからです。

たとえば、一般的な日本のファッション雑誌では
「50代以上になったら、膝丈のスカートを穿くのは避けて、ミモレ丈やロングスカートを穿くのがおすすめ」

とアドバイスしている場合もよくあります。

でも、50代になっても、60代になっても、自分が
「今日は、絶対に膝丈のスカートを穿きたい気分！」

と思ったら、どんどん穿けばいいというのが私の考え方。さすがに膝頭が見えてしまうような丈は、50代以上の方にはあまりおすすめしませんが、膝の中心より5㎝長ければ、ノープロブレム。俗に、シャネル丈と言われる、膝の中心から上下15㎝の範囲の丈のスカートが、実は脚のラインが一番きれいに見えるんですね。膝下5㎝なら、膝の丸い部分が隠れ、その下から足の一番細い部分がのぞいて足のラインがスッキリ見えるので、50代以上の方にもおすすめです。

最近、流行っているパワーショルダーのブラウスも、

「着てみたいけど、私の年齢では似合いそうもないわ」

と、二の足を踏んでいるマダムも少なくありません。実際に、私もコットンのパワーショルダーのブラウスを買ったとき、そのまま着ると肩のラインがアメフト選手のように見えてしまい、自分がイメージした着こなしがなかなかできませんでした。でも、何度かチャレンジして、それまでボタンを2つ開けていたところを3つ開けてみて、襟を少し後ろに抜いてみました。そうしたら肩が少し後ろにズレて、パワーショルダーの〝パワー〟が軽やかになり、

「これならイケる！　似合ってる！」

と思えるようになったのです。ボトムスも、当初イメージしていたタイトスカートではなく、ジャストウエストのパンツを合わせたら、スタイリングもバッチリ！

つまり、この世に「自分に似合わない服」なんて存在しないのです。

「私はタートルネックが似合わないの」

「プリーツスカートはどうしてもダメ」

と、おっしゃる方は大勢います。ですが、「似合わない」のは、実は自分に似合う着こなしがきちんとわかっていないだけなのです。どんなデザインの服でも着こなす方法さえ学んでおけば、自分の「着たい服」は誰でも着こなすことができるんですよ。

「似合わない」と思っても3回は着てみる

じゃあ、いったいどうすれば、自分が着たい服を自由自在に「着こなす」ことができるのか。一般の方に、私がいつもアドバイスしているのは

「似合わないと思った服でも、とにかく3回着てみて」

ということです。初めて着たときは

「このブラウス、襟が大きすぎて似合わない」

と感じても、2回目に着たときに

「襟じゃない。袖がしっくりこないんだ」

と、気づくかもしれません。そして、3回目に着たときに

「あれ？　袖をまくったら、意外にイケる」

と、思えることもよくあるからです。胸元にアクセサリーをつけてみるとか、ベルトでアクセントをつけるなど、自分自身で工夫して、その服が一番こなれて見えるようなスタイリングを考えるのが「着こなす」ということです。着こなすのが難しいと尻込み

していた服でも、実際に袖を通して何回か身に着けてみると、意外にしっくりくるスタイリングが浮かんでくるものです。

近頃は、ショップの店頭に並んでいるマネキンが着ている服を、上から下までそのままのコーディネートで買っていく方が多いと聞きます。もちろん、勉強もスポーツもすべて最初は「真似」から始めるのが第一歩ですから、こうした買い方を否定はしません。でも、誰かの手によってあらかじめ出来上がっているコーディネートは「人から与えられたもの」なので、そのまま着ても自分にピッタリの「着こなし」にはなりにくい。やはり、そこに何かを足したり引いたりする必要がある。スーパーで買ってきたお惣菜でも、そのまま食卓に出すよりも、お惣菜の下にキャベツの千切りを敷いたり、伊万里のお皿に盛りつけてプチトマトをあしらったほうが、グンと美味しそうに見えるでしょう。服を着る場合もそれと同じです。買ってきたものをただそのまま着たのでは決してお洒落には見えません。あれこれ試行錯誤しながら自分なりに工夫して手を加えることで、その服を「着こなせる」ようになるのです。

パーソナルカラー診断なんて必要ナシ

スタイリストの仕事をしていると、

「私はこの色が似合わないの」

と、言われることもよくあります。ドラマの現場で、女優がそう口にするときもありますね。


でも、デザインの場合と同様に、基本的に「どんな人でも似合わない色はない」というのが私の考え方です。


自分の肌や髪の色をチェックして、似合う色を判断するパーソナルカラー診断のようなものもありますが、あまり気にしなくてもいいのではないでしょうか。指標のひとつとして知っておく分にはいいですが、お洒落に興味のある方ならば、様々な色の服を着てみたいと思うのは自然なこと。ですから、できる限り、

「自分にこの色は似合わない」

と決めつけず、先入観を取り払って、着たい色を着るのが一番なのです。似合わない

色を排除して、自分のコーディネートとスタイリングの幅を狭めてしまうのは、実にもったいないことだと思います。

この色は似合わないと思い込んでしまうのは、「自分の好きな色ではない」「自分に馴染みのある色ではない」「自分のキャラと違う」「自分が目指しているイメージと違う」などといったところが、その主な理由でしょうか。誰しも、自分があまり着てこなかった色の服を着ると違和感が湧いてくるのは当然のこと。でも、新しいことにトライしたときには必ず感じることなので、慣れてしまえば解決する問題です。

また、「似合わない」と感じていた色でも、着こなしやコーディネートを変えれば、しっくり馴染む場合もよくあります。

「茶系の服が似合わないんです」

という方でも、茶系が似合う着こなし方はあるはずです。そうした様々なテクニックをアドバイスするために、私たちプロのスタイリストが存在しているとも言えますね。

ただ、色に関してひとつだけアドバイスをするならば、どんな色にも明度と彩度があることを知っておいたほうがいいでしょう。明度というのは色の澄み具合――どれくらい透明度があるかということです。彩度というのは色の鮮やかさ――ひとくちにグレーと言っても、濁ったグレーもあれば、マットで明るいグレーもありますからね。たとえ、「自分には似合わない」と思っていた色でも、明度と彩度が違えば、意外に似合う場合も少なくありません。パステルカラーのクリアなピンクは似合わないけど、グレイッシュなスモーキーピンクならしっくりくるとか。

「この色は似合わない」

と、スタイリングの選択肢から除外する前に、様々な明度と彩度のものを試してみてはいかがでしょうか。

「これぞ！」という服は色違い、サイズ違いで揃えておこう

素材、シルエットともに

「これぞ、私が求めていた一着！」

という服に出会ったときは、ぜひ色違いも買っておくことをおすすめします。なぜならば、それほどまでに自分にしっくり馴染むシルエットの服には滅多に出会うことができないからです。おまけに、後から

「色違いも買っておけばよかった」

と、後悔しても、すでにソールドアウトしてしまっている場合も少なくない。

「ベージュにしようか、でも、白も捨てがたい」

と、悩んでしまった場合は、思い切って両方買っておきましょう。

「迷ったら、2着買え！」です。

私自身の例で言えば、タートルネックとカーディガンのツインニットが大好きです。でも、残念ながらこの組み合わせのツインニットはなかなか見つからない。クルーネックなら、比較的簡単に見つかるんですけどね。だからこそ、「これぞ！」というタートルネックとカーディガンのツインニットをフォクシーで見つけたときは、白、ベージュ、チョコレートカラー、黒と4色すべてを迷わずセットで買いました。ちょっとした海外旅行に行けそうな金額にはなりましたけど（笑）、その4セットを20年以上着回したので完璧に元が取れました。しかも、その20年間ずっとお気に入りのツインニットが着られて、後から他のブランドで探す必要もありませんから、本当におトクな買い物でした。

サイズ違いに関して言えば、同じサマーニットでもM、L、LLと3つのサイズを揃えておけば、普段はMサイズを着るけれど、テーパードパンツを着る場合にはちょっとダボンとしたLLを着たら可愛いというように、コーディネートするアイテムで着こなしの変化が楽しめて重宝します。服との出会いも一期一会。後から同じものを探そうと思っても二度と出会えない場合が多いので、

「これは私の定番になりそう！」

と、ピンときたものは、色違い、サイズ違いで揃えておけば安心ですね。

ネットショッピングはおすすめしません

様々なブランドの服をいちどきにチェックできる。自宅で24時間好きなときに買い物できるということで、近頃はネットショッピングが人気です。特に、若い世代は、リアルな店舗よりネットで服を買う方の数がどんどん増えているようです。

ですが、こと服に関して言えば、やはりショップできちんと試着してから買うことをおすすめします。私自身もネットで服を買ったことはありますが、いざ手元に届いてみると、画面で見たときとかなりイメージが違ったり、

「こんな手触りの生地だったのか」

と、がっかりしたことも少なくありません。オーバーサイズでもOKなTシャツなどはいいのですが、パンツなどはネット上の画像とはまったくラインが違い、

「失敗した！」

と、反省したことも。よく考えれば、雑誌のファッション撮影をするときも、その服が一番きれいに見えるように、背中の後ろをクリップでつまんだり、裾をガムテープでとめたりしていますからね。以前、自分がファッション撮影の現場でやっていたことをうっかり忘れ、ネットの画像に惹かれてつい服を買ってしまう。プロのスタイリストの私でさえ時折はまってしまうワナなので、ポチッとクリックする前に、もう1度じっくり検討してみることをおすすめします。

「トレンド」の賞味期限は3年と知っておく

「去年までは似合っていたお気に入りの服なのに、今年着るとなんだか違和感がある」

一般の方のスタイリングに携わっているときに、こうした話もよく耳にします。その

理由のひとつは、何らかの原因で、その服と今年の自分の周波数が合っていないから。もともとは気に入っていたわけですから、そういう場合は、何年かその服を寝かしておくと、またいつか周波数が合う時期が訪れます。

もうひとつの理由は、流行のデザインだったので旬が過ぎてしまったからです。トレンディな服の賞味期限はおおむね3年。それを過ぎると「野暮」になり、4年前に流行ったデザインの服を着ていると、どうしても「時代遅れ」に見えてしまうのです。

ところが不思議なもので、その服を25年間しまっておくと、再びお洒落に着こなせることもある。なぜならば、ファッションの流行は四半世紀に一度繰り返されるからなんです。4年前に流行った服を中途半端な時期に着ると野暮に見えるけれど、25年前に流行った服を今年着るのは、基本的な素材と縫製さえしっかりしていればお洒落に見えるというのがトレンドのマジック。私自身も、20代の頃に買ったコムデギャルソンの服を、今でも時折着ています。30年前に買った膝下15㎝のアニエスベーのタイトスカートも、今の時代にピッタリの丈なので再び愛用しています。

「トレンドの命は3年。でも、25年たてば再びよみがえる」

その日のために、大好きな服は捨てずに、アーカイブとしてクローゼットに保管しておくのもいいですね。もし、2度と着られなくても、自分がこよなく愛したデザインや色の服を「お洒落の歴史」に殿堂入りさせておけば、

「いつ見てもきれい！　かわいい！」

と、幸せな気持ちになれるはず。私自身のアーカイブクローゼットにも、20歳のときに買ったラルフ ローレンのシルクのワンピースを始め、今の自分には丈が短すぎる若草色のモスキーノのジャケットや、苦労して手に入れたマンゴの木綿のワンピースなど、10着ほどの服たちが殿堂入りをしています。お気に入りの服は自分の生きてきた証です。「似合わなくなったから」といって、大好きな服をすべて断捨離する必要はないのではないでしょうか。

「コンサバティブ」「エッジ」「華やかさ」3つのキーワードがスタイリングの基本

女優でも一般の方をスタイリングする場合でも、私が常に大切にしているのが「コンサバティブ」「エッジ」「華やかさ」という3つのキーワードです。三種の神器じゃないけれど、毎回、この3つのキーワードが私のスタイリングには欠かせません。永遠の美

しさである「コンサバティブ」をベースに、人それぞれの個性を演出する「エッジ」と「華やかさ」のボリュームを調整し、その人らしいキャラクターを創り上げていくのが〝西ゆり子メソッド〟です。

具体的にお話ししますと、まず「コンサバティブ」はすべてのファッションの基本です。ファッションはとかく感覚やセンスの問題として語られがちですが、実はきちんとした論理やルールがあります。たとえば、トップスがビッグなシルエットのときはタイトなスカートを合わせて逆三角形のラインを意識するとか、ボリューミーなスカートのときはコンパクトなトップスを合わせてAラインを作るようにするなど――「コンサバティブ」はこれまで様々な先人たちが試行錯誤し、長い年月をかけて築き上げてきた伝統的な美しさです。この永遠の美学がすべてのスタイリングの基本にあるべきだというのが私の考えです。

その基本の美をベースに、その人らしい個性を演出するために「エッジ」を効かせる。どこかに1点だけ、最新モードのアイテムを取り入れたり、大胆な色や柄のものをプラスするなどして、部分的に「コンサバ」を崩すことで、その人の性格や生き方を表現します。そして、最後の仕上げとして「華やかさ」を調整。「華やかさ」とは、言い

換えれば、その人の「存在感」。もしくは「他人へのリスペクト」と言えるかもしれません。たとえば、

「今日は、仕事の後に○○さんと食事に行く約束がある」

という日は、その相手のためにいつもの仕事着よりちょっぴり華やかな服を選びますよね。また、

「今日は、東京文化会館にバレエを観に行くことになっている」

という日は、ステージに立つアーティストや他のお客様へのリスペクトとして、普段よりドレスアップした服を選ぶでしょう。「エッジ」が自分のためのお洒落だとしたら、「華やかさ」は他人を意識したお洒落と言えます。一般の方がご自分のスタイリングを考えるときも、この3つのキーワードのバランスを、その時々のシチュエーションに合わせて調整していくと、どんなときでも自分らしいお洒落な着こなしを完成させることができるはずです。

20代から70代まで年代毎ごとに知っておいてほしいこと

「3つのキーワード」の項でもお話ししましたが、ファッションにはきちんとしたルールがあります。勉強やスポーツでも、いい成績を上げるためには基礎をしっかり学んでおくことが大切なように、スタイリングを考える際にもやはり基本となるルールを知っておくことが欠かせません。お洒落の基本は一朝一夕には身につきませんから、

20代は素材を知る
30代は色を知る
40代は形を知る
50代はバランスを取って崩す
60代は目立つ
70代はとんがる

ということを、それぞれの年代で意識してみてください。

まず20代では、自分が服を選ぶときに、その服がどんな素材でできているのかという

ことを学んでほしい。

「この生地は長持ちするのか」

「肌に直接触れても快適な素材なのか」

などなど。見た目の印象だけでなく、その服の土台となる素材を知っておくことはとても大切なことです。素材を学んだら、次は色。「似合わない色はない」の項でお話したように、30代では色には明度と彩度があることを学び、どんな色でも自由自在に組み合わせて着られるように練習しましょう。そして、40代では様々な形について学ぶこと。ジャケット一着とっても、襟の大きなものもあれば小さなものもある。丈が短いものもあれば長めのものもある。それぞれの形を覚えると、どんなときにどんなデザインのものを着るのがベストなのかという「コンサバティブ」の基本がわかります。その「コンサバ」の基本をマスターした上で、50代ではそれぞれのアイテムのバランスを取って着こなして、ときにはあえてそのバランスを崩して遊んでみるということにも挑戦してほしい。

そうして50代までにファッションのベーシックをすべて学び終えたら、60代では目立つ装いを心がけましょう。還暦を迎えたら一度ゼロに戻って、ここからまた新しい人生のスタートです。周囲の視線を忖度することなく、とことん自分の好きなファッションで！　ヴィヴィッドな色の服を着るのでもいいし、アーティスティックなデザインの服にトライするのもいい。私のように眼鏡を愛用している方なら、奇抜なデザインのフレームのものをかけてみるとか。還暦を過ぎたら、ファッションももはや「その他大勢」に埋もれる必要はありません。そして、70代以降はますますとんがる！　人生後半が尻つぼみになっていくのはつまりません。肉体が衰えていく分、ファッションはよりパワフルに。この年代になれば、「会社員」「お母さん」などといった役割からも解放されていますから、若い頃よりもっと自由なファッションが楽しめるはず。最後まで前向きに人生を楽しんでいくためにも、年齢を重ねていけばいくほど、エッジの効いたとんがった着こなしにトライしてみてはいかがでしょうか。

新しい服を選ぶときは10年後の自分をイメージしよう

どこが問題なのかはわからないけれど、今、自分が着ている服になんとなく不満がある。もっと自分らしいお洒落な着こなしがしたい。そんなふうに思っているならば、とりあえず服のことはさておき、まずは10年後に自分がどんな人間になりたいのか、どんな暮らしをしたいのかをイメージしてみましょう。外資系企業のCEOになって海外を舞台に働いていたいのか、都会を離れて海の見える一軒家でガーデニングにいそしみながらスローライフを満喫したいのか——理想とする〝自分の姿〟をイメージしながら服を選ぶようにすれば、自分のテイストにマッチしたワードローブが自ずと集まっていくはずだと思います。それは、シニアの方でも同じです。今、自分が60代だったら、どんな70代を過ごしたいのか。70代だったら、どんな80代になりたいのか。漠然とイメージするだけでなく、具体的な希望をノートなどに書いておいたほうがいいですね。

たとえば、日が暮れたら、行きつけのバルに1〜2杯ワインを飲みに行くような、ちょっと小粋な60代になりたいと思ったら、

「じゃあ、そのときに自分が着ていくのはどんな服?」

と、思いを巡らせてみるのです。ある人は、ラフなスウェット姿でいいと考えるかもしれないし、ある人は

「和服をサラッと着ていきたいわ」

と、思うかもしれません。次に自分が買う一着は、そのイメージにふさわしい服を選

ぶようにするのです。

その前に、まずは今、ご自分のクローゼットにかかっている服をチェックして、もはや絶対に着ないもの、買ってはみたけどあまり好きになれないものを処分するのがいいでしょう。そうして、自分が本当に好きな服だけを残してみると、

「私って、こういうテイストの服が好きだったんだ」

ということもよくわかります。その上で、10年後の自分をイメージした服を買い足していけば、自分の好きな服で満たされたお洒落なクローゼットが自然と完成するはずです。

「買う」「着る」だけでなく「手入れをする」「管理する」ことも忘れずに

お気に入りの服を一着買ったら、それを身に着けて楽しむだけでなく、着た後にきちんと手入れをして管理することも大切です。「買う」「着る」「手入れをする」「管理する」をそれぞれ分けて考えるのではなく、自分自身の毎日を彩る〝衣〟として、一連の流れでトータルに考えましょう。

私自身も、お手入れの方法には自分なりのこだわりがあります。ジャケットとコートはクリーニングに出しますが、それ以外のものはシルクのブラウスでもダウンでも、すべて自分の手で洗っているので、季節の変わり目や衣替えの時期は大忙し！　愛用している洗剤は、地球を汚さず、自然に還るタイプのもの。フェイスタオルやバスタオルを洗濯機で洗うときは、仕上げに『洗濯用フィトンα』を使います。ふんわりやわらかく仕上がって、消臭効果もあるすぐれものです。革のスニーカーを洗うときは、シューブラシを使って大豆由来の洗剤『サンダーレッド』を。クリーニングに出す場合は、多少値段が高くても、プレス技術が高いお店を選ぶようにしています。プレス技術の良し悪しで、布地のふんわり感がまったく違ってきますし、素材によっては、1度ペタッとなってしまうと、元の風合いが2度と戻らない場合もありますからね。

アイロンかけは、まとめてやろうと思うと億劫になってしまうので、2日に1回のペースを心がけています。

「アイロンかけは苦手」

という方もいらっしゃると思いますが、自分でアイロンをかけてみると、実は、その服の価値がよくわかるのです。

「ああ、ここに切り替えがあるから、シルエットがきれいなんだな」
「襟の裏側まで、職人さんの手が込んでいるからお洒落に見えるんだ」
というように。一度着た服を脱ぎっぱなしのままで吊るしておいたり、部屋の片隅に積み上げておく方もいるようですが、それでは服が可哀そう。服もやっぱり生き物ですから、愛着を持ってお手入れしてあげることで、どんどん自分に馴染んでくるのです。

洗ってアイロンがけをした服をタンスにしまう際には、服の風合いを崩さぬよう、ぎゅうぎゅうに詰め込まず、引き出しのスペースに余裕を持たせてふんわりと入れるようにしています。また、そのシーズンに着る服はタンスの引き出しに入れておくと存在を忘れてしまうので、必ずハンガーにかけてクローゼットに吊るしておきます。ハンガー掛けにしておけば、クローゼットの手前に今シーズンよく着ている服が並び、あまり着なかった服は自然と奥のほうに行ってしまうので、来シーズンに必要な服かどうかも判断しやすくて便利です。クローゼットは単なる収納場所ではなく、自分が着たいものを目につくように並べて、次に着る服をスタンバイさせておく楽屋のような場所だと考えましょう。

「手入れをする」「管理する」ことを自分の手できちんとできて、初めて「お洒落の達人」と言えるのだと思います。

ドラマのスタイリングをリアルなシーンで応用するには？

最後に、ドラマのヒロインたちの着こなしを、リアルな日常生活で活かすヒントをお伝えします。私がドラマスタイリストの仕事を始めた頃に比べると、近頃は、ドラマのヒロインたちが着ている服への注目度もどんどん上がり、「今週のこのドラマで、ヒロインが着ていた服はこれ！　バッグはこれ！」と、詳細に紹介しているサイトも目につくようになりました。でも、長年、ドラマの衣装に携わってきた私からアドバイスをさせていただくならば、そのコーディネートをそっくりそのまま真似しても、決して素敵な着こなしにはなり得ません。

その理由のひとつは、ドラマの場合、「リアルが半分、夢が半分」を意識してスタイリングしているからです。たとえば、以前『ロング・ラブレター～漂流教室～』というドラマの衣装を担当したことがありました。このドラマは高校生のあるクラスが、あるとき突然、荒涼とした砂漠のような未来の世界へタイムスリップしてしまうというストーリー。当然、出演者たちは〝現在〟から着てきた服をずっと着続けているわけですが、その割にはあまり汚れない（笑）。それはドラマというものが、視聴者のみなさんに夢を与えるフィクションだからなんですね。ですから、主婦が料理を作った後のシーンでも、エプロンはちっとも汚れてないし、犯人を追うために刑事が必死にダッシュして走った後も、着ているシャツはパリッとしたまま。スイッチをオンにするだけで、テレビは誰でもすぐに見られるものなので、たまたま目にした方があまりにも不快に感じたり、ストレスを感じるような表現は避けるべきだという考え方が背景にあるのです。

たとえ殺人事件が起こっても、

「ああ、面白かった」

といった楽しい気分で見終えることができる——私自身も、それがドラマの役目だと思っているので、衣装にも、いくぶんかの〝夢〟を織り込んでいる。そのため、

「こんなときに、この服は着ないよね」

と、リアルな生活の場にはあまりそぐわないコーディネートも少なからず登場します。それを現実の同じようなシーンで着るのは、ちょっときびしいかもしれません。

また、美容室に行ったときと一緒で、

「この女優さんと同じ髪型にしてください」

と、写真の切り抜きを見せて頼んでも、決して同じ雰囲気に仕上がらないのは、みなさんもよくご存じですよね。服の場合もそれと同じです。いくら、北川景子さんと同じコーディネートの服を着ても北川さんにはなれないし、鈴木京香さんと同じワンピースを着ても京香さんにはなれません。それは、私たちスタイリストが、北川さんなら北川さん、京香さんなら京香さんの個性や体型をとことん吟味した上でベストな服を選んでいるから。違う体型の方や、個性や雰囲気がまったく異なる方がそのまま着てもしっくりこないのは、いわば当然の話です。

じゃあ、どうしたら、

「可愛い〜、素敵！」

と感じた、ドラマのヒロインたちの着こなしを、取り入れられるのか。それには、

「鈴木京香さんが着ていた、あのワンピースが素敵！」

と、思ったら、まずはそのワンピースと同じブランドのショップを訪ねてみるのがいいでしょう。そして、そのショップに並んでいる同じテイストの服の中で、自分に似合う1着を探してみるのです。ドラマの中で京香さんは紫色のワンピースを着ていたけれ

ど、同じシルエットでも自分にはブルーのほうが似合うなというように。バッグや靴の場合も同じです。

「北川景子さんは、ドラマで黄色いパンプスを履いていたけれど、同じブランドなら、自分はベージュのほうがしっくりくる。ヒールも、7cmより5cmのほうがいい感じ」

というように。つまり、ヒロインたちの着こなしのエッセンスを取り入れながら、それを自分の体型や個性に置き換えて服やバッグをチョイスする。そうすることで、〝ヒロイン気分〟を味わいながら、自分らしいスタイリングが完成するのです。

女優とまったく同じというわけにはいかないけれど、ドラマの衣装を見て「いいな」と感じたら、ぜひ、その着こなしにチャレンジしてみてください。〝夢が半分〟上乗せしてあるとは言え、ドラマのファッションはパリコレでモデルたちが着ているような服ではなく、等身大で着られるものが大半です。そのセンスを取り入れてみることで、今までとは違ったスタイリングや着こなしの世界が広がっていくかもしれません。

「この着こなし、私にも似合うかな?」

そんな目で観てみれば、ドラマの中にはお洒落のヒントが山ほど隠されているのです。今晩、ドラマを観るときに、ぜひ、そんな視点で観ていただけたら嬉しいです。

少し長めのエピローグ

2020年に、日本女性放送者懇談会50周年特別賞を受賞しました。ドラマの世界で仕事をするようになってかれこれ25年以上。私のこれまでの活動に対し、このように立派な賞をいただけて、驚きとともに感謝の気持ちでいっぱいです。

スタイリストはひとりではできない仕事です。アシスタントの力、デスクの腕、メーカーの協力など、大勢の方のサポートがあって、初めて成立するのです。今日まで支えてくださったみなさんに心から感謝しています。

そして、誰よりも感謝したいのは、仕事に明け暮れる私に代わって家庭を守り、息子たちが巣立つまで、30年以上も私を支えてきてくれた夫です。受賞の知らせを聞いたとき、この賞は彼がもらったのだと思ったほどです。おしゃべりで喜怒哀楽が激しい私とは対照的に、夫は寡黙で性格的にも穏やかな人。私が撮影現場で何らかのトラブルに見舞われて、

「聞いてよ、信じられない！」

と、血相を変えて家に帰ってきても、

「まあ、それは仕方ないんじゃないの」

と、夫に言われると、

「そうだね。じゃあ、晩御飯でも食べようか」

と、自然と心が落ち着きました。夫が守っていたそんな心安らげる家庭があったからこそ、これまで自分の好きな仕事を続けることができたのだと思わずにはいられません。


実は、この知らせを聞く少し前、2019年の秋に夫は亡くなりました。スキルス性の肺がんを患って、まだ66歳という若さでした。それまでの数年間、夫は三重県で暮らしていました。なぜかと言えば、私が60歳になったとき、一度、家族解散宣言をしたんです。

「私も還暦になったので、これからは家族それぞれが自分の好きなスタイルで生きて行きましょう」って。

その宣言の後、息子たちはそれぞれ一人暮らしを始め、夫は三重県にある実家に戻り、農業を営む実家の畑で野菜を作りながら、悠々自適な日々を過ごしていたのです。

私は仕事に便利な都内のマンションに引っ越しましたが、夫とは相変わらず風通しのいい関係。毎月2週間ほど、夫は私の会社の経理を見るために上京し、私は仕事の手が空けば夫のもとを訪ねて、一緒に畑仕事にいそしんでいました。ところが、ある日、

「咳が止まらない」

と、夫が言い出したので、東京の病院で検査を受けたところ、肺がんの中でも最もタチの悪いスキルス性のがんだとわかったのです。

「どうしよう？」

さすがの私も少なからず動揺しましたが、夫は、抗がん剤治療や放射線治療をきちんと受けて闘う、と。そのために私と一緒に再び東京で暮らし、有明のがんセンターに通院して治療を受けることになったのです。

「仕事を休んだほうがいいかもしれない」

と、思わなかったわけではありません。でも、ドラマの仕事は何カ月も前から決まっていることなので、お引き受けした以上、やはり責任があります。また、その時点で、私たち家族に余命は知らされていなかったので、

「やっぱり仕事は続けなきゃ」

と考えて、私は撮影現場に通っていました。私が仕事に出掛けている間、夫はひとりでテレビを観たり、時には、椅子に座りながら洗濯ものを干してくれたりすることもありました。自分の身の回りのことも淡々と行っていましたが、横になっている時間も次第に増えていき、今、思えば、かなり辛かったのかもしれません。それでも、端から見れば、「ちょっと体調が悪い人が家の中にいる」くらいの感覚で、私も息子たちもまだまだ時間は残されていると思っていたのです。

それなのに、がんセンターで定期検診を受けると言って出かけた日に突然容体が悪化して、そのまま入院して、その晩に亡くなってしまった……。本当にあっという間のことでした。そんなに早く逝ってしまうなら、せめて1年くらい仕事を休んで、2人でゆっくり最後の時間を過ごせばよかったと、夫が座っていたソファを見るたびに、今は悔やまれてなりません。

思いのほか、足早に夫は旅立ってしまいましたが、不思議なことに、今でもずっと私のそばにいる——私が迷ったときや何かに憤慨したときは、

「まあまあ、落ち着いて」

という彼の声が必ず聞こえてくるのです。そんな夫の存在に深く感謝しつつ、これか

らも走り続けます。一個人としてではなく、ドラマや映画の現場における私の存在が、スタイリストという職業の新たな可能性を切り開くことができたなら、これほど幸せなことはありません。

春の足音が近づく葉山にて

西　ゆり子

西 ゆり子（にし ゆりこ）

1950年生まれ。1974年にスタイリストとして独立。雑誌や広告のスタイリングを手がけた後に、『11PM』『なるほど！ザ・ワールド』を皮切りにテレビの分野に活動を広げ、テレビ番組におけるスタイリストの草分け的存在となる。これまで担当した作品は『ギフト』『電車男』『のだめカンタービレ』『セカンドバージン』『リーガルハイ』『ファーストクラス』『家売るオンナの逆襲』『時効警察』シリーズ、『七人の秘書』など150以上。2020年、「日本女性放送者懇談会50周年特別賞」を受賞。

現在、着こなしやファッションをテーマにした社員研修や講演を行う他、これまで培ったスタイリング術を企業活動にも導入し、スタイリストの新たな領域を切り拓くことに積極的に取り組んでいる。また一般個人向けに、理論と実践で「着る力」を学べるスタイリングレッスン「CoCo Styling Lesson」も展開。http://coco-styling.com

---

撮影　回里純子
装幀・本文デザイン　内藤美歌子（VERSO）
取材・構成　内山靖子
編集協力　ノート株式会社

ドラマスタイリストという仕《し》事《ごと》

ファッションで役《やく》柄《がら》をつくるプロフェッショナル

2021年3月30日　初版第1刷発行

著　者　西《にし》ゆり子《こ》

発行者　田邉浩司
発行所　株式会社 光文社
〒112－8011　東京都文京区音羽1-16-6
電話　編集部 03-5395-8172
書籍販売部 03-5395-8116
業務部 03-5395-8125
メール　non@kobunsha.com
落丁本・乱丁本は業務部へご連絡くだされば、お取り替えいたします。

組　版　堀内印刷
印刷所　堀内印刷
製本所　ナショナル製本

ISBN978-4-334-95234-1

『ファーストクラス』

写真提供／フジテレビ／FCC

『時効警察はじめました』

写真提供／テレビ朝日

『家売るオンナの逆襲』

写真提供／日本テレビ

『七人の秘書』

写真提供／テレビ朝日

「七人の秘書」の準備。場面ごとに履物、持ち道具まで細かく書き込んだシートを作成。